Ihr Hobby

Papageien richtig halten

Stefan Luft

© 2001, bede-Verlag, Bühlfelderweg 12, D-94239 Ruhmannsfelden
E-mail: info@bede-verlag.de; Internet: http://www.bede-verlag.de
Konzept der Reihe „Ihr Hobby...", Herstellung und Gestaltung: bede-Verlag
Fachliche Durchsicht: Dr. Jürgen Schmidt, Ruhmannsfelden

Wir danken dem „Verein der Papageienfreunde Iserlohn und Umgebung" für die gewährte
Unterstützung (Schriftführerin Astrid Zacharias, Holtewiese 2, D-58706 Menden)!

ISBN: 3-933 646-12-X, bede-Bestellnummer: HO 409

Papageien gehören zu den beliebtesten Heimtieren, die in Deutschland gepflegt werden. Nach Angaben des Zentralverbands Zoologischer Fachbetriebe (ZZF) werden in Deutschland rund 5,4 Millionen Heimvögel gepflegt. Davon sind rund 300.000 Großpapageien, 600.000 Großsittiche und 3,9 Millionen Wellensittiche, die ja ebenfalls zur Ordnung der Papageienvögel gehören. Leider kann man heute noch nicht sagen, daß die Mehrzahl der Papageienvögel unter angemessenen Bedingungen gepflegt werden.

Ein „klassischer" Fehler, der leider immer noch häufig gemacht wird, stellt die Einzelhaltung von eigentlich sozial lebenden Papageien dar. Hinzu kommen häufig noch beengte Haltungsbedingungen und eine nicht bedürfnisgerechte Ernährung. Das vorliegende Buch soll dabei helfen, diese Umstände zu optimieren und auch dem Neueinsteiger einen erfolgversprechenden Einstieg in dieses Hobby zu ermöglichen.

Stefan Luft, Dinslaken

Papageien besser verstehen

Ein Steckbrief

Entwicklungsgeschichtlich sind Papageien eine vergleichsweise alte Vogelgruppe, deren Gestalt in ihren Grundzügen schon vor schätzungsweise 20 bis 30 Millionen Jahren existierte. In Frankreich entdeckte man einen

Freilebende Halsbandsittiche, Psittacula krameri, *an ihrer Nisthöhle.*

zumindest papageienähnlichen Vogel, der etwa 30 Millionen Jahre alt sein soll und aus den oberen Schichten des Oligozäns stammt. Die Paläontologen tauften diesen Fund *Archeopsittacus verreauxi.* Keine Zwei-

fel um die Zugehörigkeit zu den Papageienvögeln der Vorzeit gab es hingegen bei jüngeren Funden aus dem oberen Oligozän, Miozän und Pliozän. Diese Urpapageien besiedelten der Vorstellung nach vor 15 bis 20 Millionen Jahren die Erde und zwar auch in solchen Gebieten, die man diesen charakteristischen Tropenvögeln auf den ersten Blick wohl kaum zuordnen würde.

So gibt es Vorzeitfunde aus Europa südlich der Alpen, aus Spanien und Frankreich sowie aus Nordamerika bis zur heutigen kanadischen Region. In Nordamerika wurde die letzte Papageienart, der Carolinasittich, gar erst um 1918 ausgerottet. Das letzte Exemplar dieser Art starb im Zoo von Cincinnati. Papageien sind weitläufig als bunte Tropenvögel bekannt, die in immergrünen Regenwäldern leben. Doch nur wenige Leute wissen, daß Papageien eine der größten Vogelgruppen darstellen, die rund 330 verschiedene Arten umfaßt und in den verschiedensten Lebensräumen in den Tropen, Subtropen und teilweise auch in der gemäßigten Zone leben.

Zu den von Papageien bevorzugten Lebensräumen gehören zweifelsfrei die ausgedehnten tropischen und subtropischen Regenwaldgebiete in Südamerika, Zentral- und Westafrika sowie im südöstlichen Asien. Kleinere

Gebiete finden sich in Australien, Neuguinea, auf den Salomonen, Philippinen und den Fidschi-Inseln, in Indien, Pakistan, Bangladesh und einigen karibischen Inseln. Die Artenvielfalt an Papageien in diesen Wäldern, die auch auf die meisten anderen ihrer Bewohner zutrifft, läßt sich mit der immensen Zahl unterschiedlichster ökologischer Nischen erklären. Nur durch zahllose Nahrungsquellen, Brutgelegenheiten und teilweise unüberwindlichen Biotopgrenzen konnte es zu Beginn Einzelindividuen gelingen, neue Gebiete aufgrund spezieller Anpassungen im Laufe der Zeit zu besiedeln. Auf diese Weise entstanden immer neue Arten, währenddessen weniger angepaßte Formen auf natürlichem Wege zum Aussterben verurteilt waren.

Ebenso bedeutsame Lebensräume für viele Papageienarten sind die ausgedehnten Savannengebieten unserer Erde. Diese befinden sich vor allem in Südamerika, Afrika und Australien. Savannen finden sich dort, wo keine Wälder mehr gedeihen, weil sich Feuchtperioden mit unterschiedlich ausgeprägten Trockenzeiten ablösen. Es bilden sich zunächst Feuchtsavannen, die mit abnehmenden jährlichen Niederschlagsmengen schließlich in Trocken-, Dornsavannen oder gar Halbwüsten und Wüsten übergehen können. Diese unterschiedlichen Lebensräume verlangen nach besonderen Anpassungen ihrer Bewohner. So wird vor allem in der Trockenzeit die Versorgung mit Trinkwasser und Nahrung zum Problem für viele der hier lebenden Tiere. Papageien sind davon nicht ausgenommen. Ein wesentlicher Unterschied zwischen Regenwald- und Savannenbewohnern ist daher häufig, daß Arten der Savannengebiete vor

Der Mönchsittich, Myiopsitta monachus, ist der einzige Vertreter seiner Gattung. Mönchsittiche leben ständig in sozialen Großverbänden.

allem außerhalb der Brutzeit nomadisch leben und in kleinen Gruppen oder riesigen Schwärmen – oft täglich Dutzende Kilometer zurücklegend – Gebiete nach geeigneten Nahrungsquellen absuchen. Auch müssen sie mit geringeren Wassermengen auskommen als vergleichbare Vertreter aus den Waldgebieten, die fast immer Trinkwasserquellen oder zumindest wasserhaltige Früchte ohne große Flugstrecken aufsuchen können. Eine weitere Anpassung ist das Erdulden niedrigerer Temperaturen bei Sonnenuntergang und starker Temperaturwechsel. So müssen Papageien aus Savannengebieten am Tage oft mit Temperaturen von 30 bis 40 °C klar kommen, die in der Nacht auf nur 10 °C oder weniger fallen können. Das Jahr dieser Arten wird durch das Auftreten der Feucht- und Trockenperiode stark unterteilt. Nach der Feuchtperiode beginnen die meisten Pflanzen zu blühen und Früchte zu tragen, so daß nun die günstigste Zeit ist, um mit der Jungenaufzucht zu beginnen. Nur die Papageien, die frühzeitig eine geeignete Nistmöglichkeit und ausreichende Nahrungsquellen finden können, haben eine Chance sich erfolgreich fortzupflanzen. Entsprechend groß kann in bestimmten Gebieten der Konkurrenzdruck beim Kampf um Nahrung und Nistgelegenheiten sein, was nur den wirklich überlebensfähigen Vögeln eine Sicherung der eigenen Existenz und die Weitergabe ihrer eigenen Erbanlagen ermöglicht.

Abgesehen von den Bewohnern dieser eher typischen Papageienlebensräumen gibt es einige Vertreter, denen es gelungen ist, dem oft immensen Konkurrenzdruck zumindest teilweise zu entfliehen, indem sie sogenannte Extremlebensräume besiedelt haben. So findet man in manchen tropischen Gebirgsregionen Papageienarten wie zum Beispiel den Andensittich, der noch in Höhen von bis zu 6250 m vorkommen kann.

Nacktaugenkakadus, Cacatua sanguinea, *sind in ihrer australischen Heimat häufig, doch werden sie nur selten in Menschenhand gepflegt.*

Die Mehrzahl der Arten hat allerdings mit 2000 bis 3000 Meter über dem Meeresspiegel ihre maximale Höhe erreicht. Je größer die Höhen werden, desto geringer wird die Arten- und Individuenzahl, die vorzufinden ist. Nur spezialisierte Arten können unter den gegebenen Bedingungen ausreichend Nahrung und Brutgelegenheiten finden. Als weitere Anpassung, die erwähnenswert erscheint, stellen sich einige Arten dar, die sich als Kulturfolger eine gewisse Überlebenschance in stark von Menschen geprägten Landschaftsstrichen gesichert haben. Allerdings treten vor allem solche Arten, sofern sie in Massen vorkommen, als Schädlinge in der Landwirtschaft auf, was nicht selten zu einer entsprechend ausgeprägten Verfolgung und Dezimierung durch den Menschen führt.

Können Papageien wirklich „sprechen"?

Vor allem die Fähigkeit, Worte und Umweltgeräusche nachzuahmen, bringt unzählige Menschen dazu, einen Papageien als Heimtier zu pflegen. Diese Imitationsleistungen einiger Papageien, vor allem einiger Vertreter der Amazonen und Graupapageien, scheinen nach dem bisherigen Erkenntnisstand angeboren zu sein und unterliegen individuellen Schwankungen. Auch in anderen Vogelfamilien finden sich vergleichbare Beispiele. So können einige Rabenvögel, Stare, Sumpfrohrsänger, Eichelhäher

und andere Vögel Umweltgeräusche oder Gesänge artfremder Tiere imitieren. Man spricht vom sogenannten „Spotten". Papageien können sich – aufgrund ihres relativ gut entwickelten Stimmapparats und ihrer fleischigen Zunge – in gewissen Grenzen artikulieren. In sehr vielen Fällen scheint ein

*Eclectus notatus: Charakteristisch für die Edelpapageien ist ihr dichtes, fellartiges Gefieder und ihr ausgeprägter Geschlechtsdimorphismus.
Die Männchen, links, sind überwiegend grün, die Weibchen, rechts, überwiegend rot.*

Bezug zwischen einem imitierten Satz, Wort oder Laut und einer Handlung oder einem Vorkommnis zu bestehen. Die inhaltliche Bedeutung der imitierten Worte ist den Vögeln aber nicht bekannt. Sie haben es nur gelernt, in bestimmten Situationen Laute nachzuahmen, die regelmäßig vom menschlichen Pfleger angewendet werden. Auch wenn sich das „Sprechen" einiger Papageien sehr realitätsnah anhört, so ist es für den Vogel doch nur eine imitierte Lautäußerung und keine Sprache. Vor allem einzeln gehaltene Papageien beginnen, die menschliche Sprache zu imitieren, und genau darin liegt ein großes Problem. Papageien reagieren als sozial lebende Tiere extrem empfindlich auf eine Einzelhaltung und tragen langfristig schwerwiegende Folgen davon. Diese können bis hin zu selbstzerstörerischen Tendenzen – wie dem Federrupfen – reichen. Aus diesem Grund darf man keine Papageien allein halten, sondern muß sie immer mit einem Artgenossen vergesellschaften. Auch verpaarte Papageien lernen es, wenn auch meist zögerlicher, bestimmte Umweltgeräusche, teilweise auch menschliche Worte nachzuahmen. Selbst wenn man auf einen perfekten „Sprecher" verzichten muß, muß das Wohlbefinden der gehaltenen Papageien immer an erster Stelle stehen. Dies bedeutet, daß man Papageien grundsätzlich paarweise oder in kleinen Gruppen hält!

Wie intelligent sind Papageien?

Abgesehen von der angesprochenen Fähigkeit vieler Papageien zur Lautimitation, untersuchte man auch deren sogenanntes „vorsprachliches Denken" anhand des Zähl-

Sehr attraktiv gefärbt ist die Große Gelbkopf-Amazone, Amazona ochrocephala oratrix.

vermögens. Neben anderen Vogelarten wurde bei diesen Studien auch der Graupapagei betrachtet. Den Tieren bot man verschiedene Gegenstände oder Nahrungsmittel in einer Anzahl von eins bis sieben an und trainierte sie, eine bestimmte Anzahl auszuwählen. Wählte das Versuchstier richtig aus, so wurde es mit einer gleichen Anzahl von Futtergegenständen belohnt. Bei den Versuchen wurden Position, Größe und

Form der dargebotenen Gegenstände oder optischen Signale geändert. Man untersuchte also das Vermögen der Vögel, gleichzeitig nebeneinander gebotene Gruppen allein nach der gesehenen Anzahl ihrer Glieder zu schätzen. Die untersuchte Taube erreichte eine Anzahl von fünf, die Dohle etwa sechs und Kolkrabe und Graupapagei waren mit sieben Gliedern die Spitzenreiter bei diesem Vergleich. Bei ähnlichen Versuchen mit Menschen erreichten die meisten Personen vergleichbare Werte wie die Dohle, nur wenige erreichten oder übertrafen die Leistungen des Kolkraben und des Graupapageien.

Interessant sind auch die Untersuchungen der amerikanischen Anthropologin Irene PEPPERBERG, die versucht hat, einem Graupapagei eine Art Basissprache beizubringen. Mit einer elementaren Form von Sprache hatte der Vogel die Möglichkeit, eine beschränkte Anzahl von Gegenständen zum Spielen und zur Nahrungsaufnahme zu bezeichnen, zu erbitten und abzulehnen. Nach Angaben der Forscherin schaffte es der Graupapagei nach 26 Trainingsmonaten neun Formen, drei Farbadjektive, zwei zusammengesetzte Adjektive und das Wort „no" (engl. = nein) funktionell richtig anzuwenden. Er konnte diese Worte benutzen, um zunächst dreißig, später sogar achtzig verschiedene Gegenstände zu bezeichnen, darum zu bitten oder abzulehnen. Ebenso konnte die Fähigkeit, Mehr-Wort-Sätze aus einzeln erlernten Lauten zu bilden, zumindest begrenzt belegt werden. Dem Graupapagei gelang es bei weiteren Versuchen, Ansammlungen von zwei bis sechs Gegenständen gleicher Art zu benennen und der richtigen Zahl zuzuordnen. Dabei wurden Form, Farbe und Anzahl

fortwährend variiert. Die durchschnittliche Treffgenauigkeit des Vogels lag bei 78,9 %, bei 6 % der falschen Antworten fehlte lediglich einer der geforderten Angaben (Material oder Anzahl). Die Zahl der gebotenen Gegenstände wurde sogar in 95 % der Fälle richtig beantwortet. Diese Versuche erweiterte man immer mehr und zeigte damit schließlich, daß zumindest Graupapageien scheinbar in der Lage sind, abstrakte Begriffe und Oberbegriffe zur Unterscheidung von Gegenständen nach ihrer Funktion und zur Differenzierung nach Form, Farbe, Material und Anzahl zu benutzen. Da es sich bei solchen Untersuchungen allerdings um Einzelerscheinungen handelt, sind ihre Ergebnisse entsprechend zu relativieren und vorsichtig zu beurteilen.

EIN Papagei ist KEIN Papagei!

Um die vorherigen Aussagen zur paarweisen Haltung von Papageien zu verdeutlichen, soll nachfolgend ein kurzer Überblick über das Paarverhalten dieser Vögel dargestellt werden. Im Gegensatz zu den meisten Säugetierarten leben viele Vogelarten monogam, das heißt sie paaren sich bevorzugt nur mit einem bestimmten Partner. Dies trifft in der Regel auch für die meisten Papageienarten zu. Charakteristisch für die Papageienvögel ist ferner, daß sie eine meist lebenslange „Einehe" führen, die von nahezu ständigem Kontakt der Partnervögel bestimmt ist. Der Bildung von Paaren, die sich der Fortpflanzung widmen, geht bei den meisten Papageienarten eine Art „Verlobungszeit" voraus. In dieser Zeit verbringen die noch nicht geschlechtsreifen Jungvögel die meiste Zeit in unterschiedlich großen

Eine artenreiche Gruppe innerhalb der Papageienvögel bilden die eigentlichen Kakadus. Insgesamt sind elf Arten mit diversen Unterarten bekannt, von denen viele auch in Menschenobhut zu finden sind, hier Cacatua sulphurea.

Gruppen, in denen zahlreiche soziale Kontakte zu Artgenossen gepflegt werden. Auf diese Weise ergibt sich die Möglichkeit des gegenseitigen „Kennenlernens" und es entstehen vermutlich erst lockere Bindungen, die sich im Laufe der Zeit immer mehr verfestigen. Die meisten Großpapageien werden vergleichsweise spät geschlechtsreif. So geht man bei den großen *Ara*-Arten von fünf bis sechs Jahren, bei vielen Amazonen und Kakadus von drei bis vier Jahren aus. Tritt dieser Zeitpunkt ein, so verfestigen die einzelnen Paare ihr Verhältnis. Fest verpaarte Vögel erkennt man vor allem an nahezu ständigem Kontakt, sozialen Verhaltensweisen wie Kraulen und Partnerfüttern sowie einer verstärkten Angleichung vieler Verhaltensweisen. Vor allem das partnerliche Kraulen, also die soziale Gefiederpflege, scheint der Festigung einer Paarbindung zu dienen. Geradezu hingebungsvoll verstehen es manche Paare, sich minutenlang diesem Verhalten zu widmen. Das gesteigerte Wohlbefinden ist in der Regel an abgestellten Gefiederpartien und geäußerten Lauten zu erkennen. Einige Exemplare werden beim Präsentieren zu behandelnder Stellen geradezu aufdringlich und nicht selten kommt es auch zu kurzen harmlosen Streitereien zwischen den Partnern, wenn sie sich nicht einig sind, wer wen kraulen soll. Bevorzugte Körperpartien bei der sozialen Gefiederpflege sind vor allem der Hinterkopf- und Nackenbereich, teilweise werden die Aktivitäten auch auf andere Bereiche ausgedehnt. Der sozialen Gefiederpflege wird eine gewisse Doppelbedeutung zugeschrieben. Zum einen soll sie außerhalb der Brutphase einfach zur Reinigung für den Einzelvogel schwierig bis gar nicht erreichbarer Körperpartien dienen, zum anderen

besteht eine Funktion in der Paarfestigung und in der Einleitung der Paarung. Mit beginnender Fortpflanzungsphase läßt sich eine Steigerung des Partnerkraulen feststellen, die ihren Höhepunkt in der Paarungseinleitung findet.

Auch das Partnerfüttern stellt ein für die meisten Papageienarten typisches Verhalten dar, das nahezu ganzjährig, allerdings ähnlich wie die soziale Gefiederpflege, in einer schwankenden Intensität zu beobachten ist. Auch individuelle Unterschiede bei diesen Vorgängen sind festzustellen. So gibt es Paare, die kaum Partnerfüttern zeigen und wieder andere, bei denen diese Verhaltensweise zum alltäglichen Bild gehört. Zumindest bei Graupapageien, *Psittacus erithacus*, wurden Anzeichen dafür entdeckt, daß auch Lautäußerungen der Festigung eines Paars und der Synchronisation seiner Verhaltensweisen dienen könnten. Anhand von gekäfigten Exemplaren wurde ermittelt, daß es sich bei den Lautäußerungen der Graupapageien um eine Art Duettgesang handeln könnte. Dieser dient bei anderen Vogelarten vor allem der Arterkennung, Synchronisation der sexuellen Aktivität und dem individuellen Erkennen des Partners. Darauf aufbauend könnte man auch zum Schluß kommen, daß menschliche Worte nachahmende Papageien durch ihr Verhalten versuchen, mangels eines natürlichen Partners die unnatürliche und erzwungene Bindung zum Ersatzpartner Mensch zu festigen. Betrachtet man die vorangegangenen Ausführungen, so wird schnell deutlich, daß ein menschlicher Pfleger nicht in der Lage ist, den sozialen Ansprüchen eines einzelnen Papageien gerecht zu werden. Auf Dauer kann dies nur ein geeigneter Artgenosse tun!

Was man vor dem Kauf beachten sollte

☒ Die Haltung von Papageien ist ein faszinierendes Hobby, das allerdings zeitaufwendig und teilweise auch sehr kostspielig sein kann. Grundsätzlich sind Papageien nur paarweise oder in Gruppen zu pflegen, so daß sich ein entsprechend hoher Anschaffungspreis ergibt. Hinzu kommt, daß die Unterbringung großräumig und papageiensicher (Papageien sind begeisterte Nager und zerlegen jede Holzvoliere in kurzer Zeit) gebaut werden muß.

Sollte trotz guter Pflege mal ein Tierarzt nötig werden, so kann auch dies schnell ins Geld gehen. Diese Faktoren sind unbedingt vor dem Kauf zu bedenken. Stellen sie kein Problem dar, dann muß man sich vor der Anschaffung der Vögel ausführlich über die Ernährung und sonstigen Bedürfnisse der Vögel informieren und eine geeignete Unterkunft herrichten. Erst dann stellt sich die Frage, wo die gewünschten Vögel zu erwerben sind.

Der Kauf von Papageien

Sicherlich wird jeder bei der Durchsicht der gängigen Papageienliteratur schnell eine bestimmte Art finden, die ihn anspricht, und schnell entsteht dann der Wunsch, einen solchen Vogel pflegen zu wollen. Doch sollte man das Tier nicht ausschließlich nach optischen Gesichtspunkten auswählen, sondern immer berücksichtigen, ob man die erforderlichen Haltungsbedingungen langfristig (mehrere Jahrzehnte!) gewährleisten kann, die Art nicht zu laut ist und somit Ärger mit der Nachbarschaft hervorruft, und überhaupt als Nachzucht im Handel erhältlich ist. Kein wahrer Tierfreund wird wollen, daß man für ihn einen Papagei in seiner Heimat fängt und somit die Wildbestände angreift. Jeder verantwortungsvolle Papageienhalter greift daher grundsätzlich auf Nachzuchten aus Deutschland zurück, die aus guten Haltungsbedin-

gungen stammen und selbstredend über alle amtlich erforderlichen Papiere verfügen! Wer sich nicht über die akuellen Gesetze und Regelungen im Klaren ist, der muß vor dem Erwerb eines Vogels die zuständige Artenschutzbehörde anrufen und sich dort aufklären lassen. Schon mancher Papagei wurde aufgrund fehlender Papiere von Behörden beschlagnahmt, weil der Halter nicht ausreichend über die geltenden Gesetze informiert war. Viele Papageienarten sind optisch sehr ansprechend, benötigen aber eine sehr fachkundige Pflege und eignen sich somit nicht als Heimtier für unerfahrene Halter. So bedürfen die sehr schön gefärbten Loris spezieller Nahrung, die schnell zu immensen Kosten führt und ein erhebliches Fachwissen erfordert. Aras haben eine imponierende Färbung und beeindrucken schon durch ihre Größe. Doch benötigen diese Tiere riesige Volieren und können mit ihren lauten Schreien manchen Vogelhalter und seine Nachbarn zur Verzweiflung treiben! Ähnliches gilt für viele große Kakadus und Amazonen. Wer in einer ruhigen Wohngegend oder gar einer Mietwohnung lebt, der muß sich daher eine schriftliche Zustimmung von den Nachbarn und dem Vermieter einholen. Oft ist man aber besser beraten, wenn man gleich auf eine leisere Art zurück greift. Ist alles abgeklärt, so stellt sich die Frage, wo man den gewünschten Papageien erwerben kann. Zunächst einmal bieten zahlreiche Zoofachhändler Papageien an, die man aber nur dann in die engere Wahl ziehen sollte, wenn sie aus Nachzuchten stammen und eine Besichtigung der Zuchtanlage gewährt wird. Schließlich will man ja ein Tier, das aus einem guten Umfeld stammt und nicht schon Krankheiten oder Mangelerscheinungen in sich birgt. Es ist daher immer empfehlenswert, sich das Tier und den Laden des Anbieters über mehrere Tage anzuschauen. Eine weitere Möglichkeit ist ein Kauf direkt beim Züchter, der seine Tiere meist in den gängigen Fachzeitschriften anbietet. Auch hier darf man nichts überstürzen, sollte sich mehrere Anbieter anschauen und die ausgesuchten Vögel über mehrere Tage oder Wochen ansehen. Scheint alles in Ordnung zu sein und hat man ein geeignetes Paar gefunden, dann sollte man sich alle nötigen Unterlagen aushändigen lassen, die Ringnummer des Vogels mit den Unterlagen vergleichen und einen Kaufvertrag mit dem Züchter abschließen. Dieser muß eine Passage enthalten, die besagt, daß das angebotene Tier aus dem legalen Bestand des Züchters stammt und dieser für seine rechtmäßige Herkunft garantiert. Ferner sollten die Ringnummer des Vogels

und die genaue Artbezeichnung, gegebenenfalls auch die Nummer der CITES-Bescheinigung („Personalausweis" der Papageien) eingetragen werden. Eine weitere Alternative stellen die sogenannten „Secondhand"-Vögel dar, die in vielen Tageszeitungen und Anzeigenblättern angeboten werden. Auch hier gelten die bereits gemachten Angaben. Sofern man sich mit Züchtern oder sonstigen Anbietern darauf verständigen kann, kann man bei einem fachkundigen Tierarzt eine Kontrolluntersuchung der Vögel durchführen lassen, um sicherzugehen, daß das Tier keine unterschwelligen Krankheiten in sich trägt, die dann durch Streß (z. B. Umzug in das neue Heim) ausbrechen können. Wer nichts zu verbergen hat, wird einer solchen Untersuchung sicher zustimmen. Wer sie ablehnt, der wird wissen warum – und es ist dann besser, auf den Kauf zu verzichten!

Der Weg ins neue Heim

Hat man die gewünschten Vögel erworben, so müssen diese behutsam eingefangen und in einer geschlossene Transportkiste auf dem schnellsten Weg ins neue Heim transportiert werden. Steht nur ein kleiner Transportkäfig zur Verfügung, so muß dieser mit einer Decke abgedeckt werden, damit die Vögel keinen Zug abbekommen. Ferner verhalten sich die Papageien in einer solchen Transportkiste, die nicht sehr groß sein muß, meist viel ruhiger und leiden nicht so unter dem Transportstreß. Ist man im neuen Heim angekommen, so wartet dort schon die neue Unterkunft, die man ja bereits vorbereitet hat. Am besten stellt man den Transportbehälter auf den Boden der Voliere und öffnet den Deckel, so daß der Vogel langsam herauskommen kann. Auf keinen Fall darf man den ohnehin schon verängstigten Papageien bedrängen und scheuchen. Dies würde ihn zum einen noch zusätzlich in Streß versetzen, zum anderen würde der Vogel dem neuen Besitzer gegenüber noch tagelang mißtrauisch sein. Hier ist einfach Geduld gefragt. Am besten setzt man sich in einiger Entfernung zur Voliere hin und läßt die Vögel ganz eigenständig die neue Umgebung erkunden. So vermeidet man Streß und die Vögel gewinnen schneller wieder an Selbstvertrauen. Da der Transport und die neue Umgebung die Tiere in den ersten Tagen sehr anstrengen, kann man ihnen ein Multivitamin-Mineralstoff-Präparat ins Trinkwasser geben, damit sie ihre angegriffenen Reserven auffüllen. Ferner kann man ihnen ruhig einige „Leckerbissen" wie Nüsse und frische Früchte anbieten, damit die Vögel auf jeden Fall Nahrung aufnehmen.

Die richtige Unterbringung

Auf Dauer kann man Papageien nicht einfach frei in der Wohnung halten. Diese würden zum einen die Inneneinrichtung der Wohnung nacheinander stark beschädigen, zum anderen sind Papageien bei dieser Haltungsform ständig in Gefahr (z. B. offene und geschlossene Fensterscheiben, Giftpflanzen, heiße Herdplatten, Vergiftungen durch Putzmittel u. ä.). Aus diesen Gründen benötigt der Papageienhalter eine geeignete Unterbringung für seine Pfleglinge. Um zu überprüfen, ob eine Voliere für die langfristige Gesunderhaltung der Papageien geeignet ist, muß man sich einige Gedanken darüber machen, was für Ansprüche die Vögel an ihre Unterkunft stellen. Zunächst

Auch der Boden wird von den Papageien genutzt und muß daher immer sauber sein.

Eine für ein Paar Graupapageien geeignete Zimmervoliere.

sind Käfige zur dauerhaften Unterbringung gänzlich ungeeignet. Papageien sind ferner sehr gesellige Tiere, die sich aber gerne auch einmal als „Raufbolde" betätigen. Auch dies verlangt nach einer geräumigen Unterkunft. Nur hier kann man Paare oder kleine Gruppen halten und bietet den Vögeln im Falle von Streitigkeiten ausreichende Möglichkeiten zum Ausweichen.

Die Zimmervoliere

Der Bau einer Innenvoliere muß gut geplant sein, da Papageien erhebliche Mengen Schmutz und Staub (Allergierisiko) sowie nicht zuletzt eine gewisse Lärmbelästigung verursachen können (Nachbarn). In der Regel wird man es daher vermeiden, seine Voliere im direkten Wohnbereich zu plazieren, da hier zum einen die Vögel kaum die nötige Ruhe finden dürften, zum anderen die Familienmitglieder durch Lärm, anfallenden Schmutz und zwangsläufig auftretende Gerüche belästigt werden. Günstiger ist also ein Standort, der etwa in einer ausgebauten Dachstube oder in einem separatem Raum gelegen ist. Doch auch an den Raum müssen wir einige Anforderungen stellen. Als erstes muß der Raum über eine ausreichende Versorgung mit Licht und Frischluft verfügen. Lichtlänge und -intensität beeinflussen Wachstumsvorgänge und den Stoffwechsel durch Einwirkung auf die Futteraufnahme und Bewegungsaktivität. Günstig ist es, wenn ein Großteil des Lichts auf natürlichem Wege, also in der Regel durch Fenster oder Lichtkuppeln zur Verfügung steht. Da Vögel tropischer Herkunft aber etwa zwölf Stunden Licht am Tag benötigen, wird man auf den Einsatz künstlicher Lichtquellen nicht verzichten können. Eine

einmal sind Papageien sehr bewegungsfreudige Tiere, die gerne klettern und fliegen. Daher ist es am besten für sie, wenn sie in einer geräumigen, mit zahlreichen Klettermöglichkeiten ausgestatteten Voliere untergebracht werden. Bei Käfighaltung, die schlechteste Variante der Papageienhaltung, müssen tägliche Zimmerfreiflüge für Ersatz sorgen. Für Großpapageien wie Aras, Kakadus, Graupapageien und Amazonen ständige Frischluftzufuhr ist aufgrund des relativ hohen Sauerstoffbedarfs von Vögeln unbedingt zu gewährleisten. Der Sauerstoffbedarf kommt aufgrund des intensiven Stoffwechsels zustande, der bei Vögeln höher als bei vergleichbaren Säugetieren ist. Natürlich muß die Frischluftzufuhr so konzipiert sein, daß keine Zugluft entsteht, da diese vor allem Erkältungskrankheiten begünstigt. Der Raum muß so beschaffen sein, daß die Volieren leicht und gründlich zu reinigen sind. Dies erfordert in der Regel einen Abfluß im Boden, eventuell sind geflieste Wände und Böden erforderlich, in jedem Fall aber günstig. Die Voliere wird nach Möglichkeit in eine der Raumecken integriert, da man so zum einen Bauelemente bei seiner Voliere sparen kann, zum anderen diese Bauweise dem Sicherheitsgefühl der Vögel entgegen kommt. Die Volierenkonstruktion fertigt man vorzugsweise aus Metall-Vierkantstäben oder verzinkten Gas- oder Wasserrohren an. Eine Holzkonstruktion wird in den meisten Fällen nach einer gewissen Zeit dem Nagebedürfnis der Vögel zum Opfer fallen, es sei denn, man sorgt aufgrund der Bauweise dafür, daß die Vögel nicht die Möglichkeit zur Beschädigung der Holzteile haben. Dies ist oft aber nur sehr umständlich zu realisieren. Als Bespannung dient vorzugsweise formstabiles, verzinktes und punktgeschweißtes Vierecksgeflecht. Der handwerklich weniger geschickte Papageienpfleger hat die Möglichkeit, auf vorgefertigte, im Handel erhältliche Volierenteile zurückzugreifen. Ferner gibt es heute diverse Firmen, die nach den Wünschen des Halters entsprechende Volieren bauen. Empfehlenswert ist es, wenn die gesamte Voliere mit einem etwa 50 cm hohen Sockel oder entsprechenden Kunststoffplatten am Boden umgeben wird, damit Schmutz, Federn und Futterreste innerhalb der Voliere bleiben und der vorgelagerte Raum vor Verunreinigung geschützt wird. Den Volierenboden bedeckt man üblicherweise mit normalem Flußsand, der mindestens wöchentlich am besten alle zwei Tage durchgeharkt und regelmäßig erneuert werden muß. Die Innenausstattung wird dem Bewegungsbedürfnis der Vögel entsprechend aus zahlreichen Sitz- und Klettergelegenheiten zusammengestellt. Zu diesem Zweck eignen sich vor allem verzweigte Naturäste und kleine Bäume. Ferner sind einige grobgliedrige Ketten, Seile oder ähnliche Beschäftigungsgegenstände – die nach Möglichkeit regelmäßig ausgetauscht werden – für die gehaltenen Vögel unerläßlich. Wichtig ist, daß die Bewegungsfreiheit der Papageien nicht übermäßig durch die Einrichtungsgegenstände eingeschränkt wird und kurze Flugstrecken von Ast zu Ast möglich sind. Um den Volierenraum ansehnlicher zu gestalten, kann man einige große Pflanzen vor die Voliere stellen, die aber so plaziert sein müssen, daß sie den Papageien nicht das Licht nehmen und ebenfalls nicht von diesen benagt werden können.

Die Freivoliere

Die langfristig günstigste Unterbringungsmöglichkeit für viele Papageien ist zweifelsohne eine Freivoliere mit angrenzendem, beheizbaren Schutzhaus. Davon ausgenommen sind besonders empfindliche und wärmebedürftige Arten, deren Hauptunterbringung eine entsprechende Innenvoliere sein muß. Aber auch hier ist es günstig, wenn zumindest an warmen Tagen stundenweise

Eine große Volierenanlage mit beheiztem Schutzhaus.

Der Gelbbrustara, Ara ararauna, kann nur in großen Volieren gepflegt werden.

Zugang zu einer Freivoliere gewährt werden kann. Der Hauptvorteil einer Außenvoliere ist, daß es im Gegensatz zur ständigen Haltung in Innenräumen kaum Schwierigkeiten bei der Versorgung mit ausreichender Frischluft und natürlichem Licht gibt. Dies wirkt sich insbesondere auf die Bewegungsfreudigkeit, Futteraufnahme und nicht zuletzt auf das Gefieder der Vögel aus. Auftretender Regen kann zum Baden genutzt werden, was sich ebenfalls in einem guten Zustand des Gefieders bemerkbar macht. Schnabel und Krallen können ständig an den Einrichtungsgegenständen abgenutzt werden, so daß übermäßiges Wachstum in der Regel ausbleibt. Die große Bewegungsfreiheit sorgt für ein konstantes Körpergewicht und wirkt sich günstig auf die Gesamtkondition der gehaltenen Vögel aus. Die Haltung von verpaarten Vögeln oder kleinen Gruppen ermöglicht das selbständige Aufziehen von Jungvögeln und das Ausüben zahlreicher sozialer Verhaltensweisen. Verhaltensänderungen und -störungen treten bei dieser Form der Haltung nur äußerst selten auf, da eine Reizarmut durch die zahlreichen gebotenen Bewegungs- und Manipulationsmöglichkeiten sehr begrenzt ist. Alle diese positiven Eigenschaften treten allerdings auch in einer kombinierten Freivoliere nur dann auf, wenn bestimmte Voraussetzungen geschaffen werden.

Natürlich wird man auch bei einer Freivoliere bemüht sein, große Bewegungsräume zu ermöglichen. Volieren für Papageien dürfen nicht niedriger als 2 m sein, da geringere Höhen dem Bedürfnis der Vögel widersprechen, möglichst oberhalb der menschlichen Augenhöhe zu sitzen. Günstiger sind Volierenhöhen von mindestens 2,5 m. Die Größe des Innenraums muß, außer bei Haltung von winterharten Arten, nicht kleiner als die Außenvolieren sein. Es ist zu bedenken, daß die meisten Arten wärmebedürftig sind und somit in unseren klimatischen Verhältnissen einen erheblichen Teil des Jahres im Innenraum verbringen müssen.

Eine kleine Außenvoliere für den Sommer.
Fotos: S. Luft

Über den Bau von Volieren ist schon so viel berichtet worden, daß eine detaillierte Zusammenfassung an dieser Stelle nur unzureichend sein könnte. Daher verweise ich auf die entsprechende Fachliteratur (s. S. 72) und beschränke mich auf die Beschreibung der wichtigsten Bestandteile einer Volierenanlage. Wichtig zum Schutz vor Mäusen, Ratten und ähnlichen ist ein Fundament oder das lückenlose Auslegen der Voliere mit Betonplatten. Dabei muß man darauf achten, daß Wasser zum Beispiel bei der Volierenreinigung oder bei Regen abfließen kann und sich keine Wasserlachen bilden. Der Volierenumriß wird vorzugsweise mit einem etwa 50 cm hohen und 30 bis 40 cm tief in die Erde reichenden Sockel umgeben, auf dem die eigentliche Volierenkonstruktion befestigt wird. Das Volierengerippe sollte

vorzugsweise aus Metall gefertigt werden, da Holz schneller verrottet und außerdem in der Regel sehr schnell benagt wird. Als Drahtbespannung dient formstabiles, verzinktes und punktgeschweißtes Drahtgeflecht. Plastikummanteltes Drahtgeflecht ist grundsätzlich ungeeignet, da es schnell benagt wird und dann rostet. Nebeneinander liegende Volieren werden in einem Abstand von etwa 5 bis 8 cm gebaut und im Zwischenraum mit einer doppelten Drahtbespannung versehen. Ein Teil der Außenvoliere muß überdacht werden, damit die Vögel auch bei Regen – ohne naß zu werden – in der Freivoliere bleiben können. Je nach dem wie geschützt die Voliere liegt, muß man auch Teile der Seiten mit Kunststoffplatten oder ähnlichem zusätzlich vor Wind schützen. Eine außerhalb der Voliere vorgenommene Bepflanzung mit Nadelhölzern oder ähnlichen Gewächsen kann denselben Zweck erfüllen und kommt zusätzlich dem Sicherheitsgefühl der Vögel entgegen. Es ist allerdings darauf zu achten, daß die Vögel nicht die Bepflanzung mit ihren Schnäbeln erreichen können. Der Innenraum sollte mit einem Strom- und Wasseranschluß sowie einer Heizung ausgestattet sein. Um ausreichend natürliches Licht in die Innenräume gelangen zu lassen, verwendet man beim Bau möglichst viele lichtdurchlässige Materialien (Glaskuppeln, Glasbausteine o. ä.). Bewährt hat sich die Einrichtung eines Futtergangs, der an der Volierenrückseite liegt und über den man alle Innen- und Außenvolieren erreichen kann, beispielsweise zur täglichen Fütterung und regelmäßigen Reinigung. Die Innenvolieren stattet man mit kleinen Türen aus, durch die man nur gebückt vom Gang in die Volieren kommen kann. Auf diese Weise wird ein Ausfliegen der Volierenbewohner unwahrscheinlich. Die Verbindung zur Außenanlage stellt man ebenfalls durch eine Tür her. Die Papageien erhalten mittels eines kleinen Durchflugs in dieser Tür oder im Gemäuer Zugang zu den Innenräumen oder zu den Außenvolieren. Diese Durchgänge müssen allerdings im Winter verschließbar sein, um Heizkosten zu sparen. Aus demselben Grund ist auf eine gute Isolierung aller Innenräume zu achten. Die Fütterung erfolgt nur im Innenraum mit Hilfe einer Futterstelle, die vom Futtergang aus zu bedienen ist. Die Inneneinrichtung der Innen- und Außenvolieren erfolgt nach dem gleichen Schema wie es bereits im vorangegangenen Abschnitt beschrieben wurde.

Mindesthaltungstemperaturen für häufige Papageien:

Art	Mindesthaltungs-temperatur
Edelpapageien, Loris, Fledermauspapageien	> 15 °C
Kakadus, Amazonen, Aras, Graupapageien, Langflügelpapageien	10 bis 15 °C
Agaporniden, versch. Großsittiche, Wellensittiche, Edelsittiche, Plattschweifsittiche	5 bis 10 °C
Felsensittiche, Mönchsittiche, Alexandersittiche, Halsbandsittiche	frostfrei

Empfohlene Käfig- und Volierengrößen für Papageien:

Art	Schutzhaus größe (in cm)	Volierengröße (in cm)	Maschenweite und Drahtstärke (in mm)
Gelbrustara, Molukkenkakadu	200 x 300	200 x 600	40 x 40/ 50 x 50 4-5 mm stark
Amazonen, Graupapageien	200 x 200	200 x 300	25 x 25/ 2 mm stark
Zwergaras, kleine Kakadus	200 x 200	200 x 400	25 x 25/ 3-4 mm stark
Rotsteißpapageien, Langflügelpapageien	100 x 200	100 x 300	12, 5 x 25 mm 2 mm stark
Loris	100 x 200	100 x 300	12, 5 x 25 mm 2 mm stark
Großsittiche	100 x 200	100 x 400	25 x 25 3-4 mm stark
Kleinsittiche	100 x 100	100 x 200	12, 5 x 25 mm 2 mm stark
Unzertrennliche, Sperlingspapageien	100 x 100	100 x 200	12, 5 x 25 mm 1,5 mm stark
Wellensittiche, 2-3 Paare	100 x 100	100 x 200	12, 5 x 25 mm 1,5 mm stark

Käfiggrößen pro Paar (cm)

Wellensittiche	80 x 40 x 50
Agaporniden	100 x 50 x 50
Sperlingspapageien	100 x 50 x 50

Zimmerfreiflug

Papageien, die in kleineren Zimmervolieren oder Käfigen gehalten werden, müssen sich auch einmal richtig austoben können. Aus diesem Grund ist es dringend notwendig, ihnen regelmäßige Freiflüge im Zimmer zu gewähren. Damit die Vögel nicht wild in der Wohnung umher fliegen, ist es ratsam, ihnen eine, besser mehrere papageiengerechte Landemöglichkeiten einzurichten. Dies kann man ganz einfach dadurch tun, indem man einen großen verzweigten Naturast quer an Ketten oder Seilen an der Zimmerdecke aufhängt. Darunter kann man zusätzlich noch eine Plastikschale aufhängen, um Schmutz aufzufangen oder zumindest den darunterliegenden Fußboden mit Zeitungspapier abdecken. Mit großer Wahrscheinlichkeit wird dies der Lieblingsplatz der Vögel werden.

Bademöglichkeiten

Um dem Komfortverhalten der Papageien entgegenzukommen, ist den Vögeln ständig eine geeignete Bademöglichkeit in der Voliere anzubieten. Baden ist besonders für das Gefieder wichtig, das dadurch weich und geschmeidig gehalten sowie von übermäßigem Gefiederstaub gereinigt wird. Ferner wird das Wohlbefinden der Vögel positiv beeinflußt. In der Regel wird man seinen Vögeln daher eine Badeschale, die regelmäßig mit sauberen Frischwasser gefüllt wird (am besten täglich), anbieten. Geeignet sind hierfür große, flache, von innen glasierte Blumentopfuntersetzer, die möglichst in erhöhter Position (etwa 80 bis 100 cm), vom Boden entfernt, in einem eigens dafür vorgesehenen Gestell oder einer Halterung am Volierengitter angebracht werden. Diese Konstruktion muß allerdings so aufgestellt werden, daß sie stabil und nicht schwankend ist, weil andernfalls die Vögel am Baden gehindert werden könnten. Sofern sich unerfahrene Jungvögel in der Voliere befinden, ist die Badegelegenheit aus Sicherheitsgründen vorübergehend zu entfernen. Es ist bereits vorgekommen, daß einzelne Jungtiere selbst in flachen Badeschalen ertrunken sind. Während dieser Zeit oder aber wenn die Vögel eine derartige Badegelegenheit nicht wahrnehmen, empfiehlt es sich, sie mit einer Brause oder einem Wasserzerstäuber aus der Blumenpflege regelmäßig abzuduschen. Natürlich darf in Freianlagen nur bei entsprechender Witterung abgeduscht werden. Ferner ist als Zeitpunkt der Vormittag zu bevorzugen, damit die Vögel bis zum Abend wieder ein trockenes Gefieder aufweisen und sich nicht verkühlen. Die meisten Papageien reagieren auf regelmäßiges Duschen oder Baden mit Lautäußerungen, Spreizen der Schwanzfedern und Heben der Flügel und bekunden auf diese Weise ihr Wohlbefinden.

Beschäftigungsmöglichkeiten

Die relativ hohe Intelligenz der Papageien, ihr teilweise ausgeprägtes Erkundungs- und Spielverhalten müssen in einem geeigneten Haltungssystem die gleiche Beachtung wie die zuvor genannten Bedürfnisse dieser Vögel finden. So ist die Qualität eines Haltungssystems nur dann als ausreichend zu bezeichnen, wenn es den Vögeln Gelegenheit zur Manipulation, Erkundung und zum Spiel gibt. Hierzu ist eine Inneneinrichtung notwendig, die so gestaltet ist, daß die zwangsläufige Reizarmut eines künstlichen Haltungssystems soweit vermindert wird, daß die Tiere keine sichtbaren negativen Begleiterscheinungen zeigen. Als erste Möglichkeit bietet sich die Ausstattung der Voliere mit zahlreichen verzweigten Naturästen und kleinen Bäumen an. Diese erlauben es den Vögeln, ihrem ausgeprägten Kletterbedürfnis nachzugehen, ferner bieten sie ihnen Gelegenheit, sich durch Benagen der Rinde und des Holzes zu beschäftigen. Einen zusätzlichen Beitrag zur Ernährung können frische Zweige leisten, da die Vögel sich beim Benagen mit mineralhaltiger Rinde versorgen können. Solche Zweige müssen daher regelmäßig – mindestens einmal pro Woche – eingebracht werden. Erhöhte Sitzgelegenheiten regen manche Exemplare zu ausgeprägten Sozial- und Kampfspielen an. So kann man immer wieder beobachten, daß erhöhte Positionen von

einzelnen Vögeln verteidigt werden und ein oder mehrere Artgenossen versuchen, diesen bevorzugten Platz spielerisch zu „erobern". Zu solchen Sozialspielen sind allerdings entsprechend große Gehege und Artgenossen notwendig. Weitere Beschäftigungsgegenstände können grobgliedrige Ketten, Seile, Pappschachteln und andere manipulierbare Gegenstände sein. Bei der Fütterung ist darauf zu achten, daß den Tieren regelmäßig Futtermittel geboten werden, mit denen sie sich vor dem Verzehr auseinandersetzen müssen. So können aufgehängte Maiskolben, Bananen in der Schale oder ähnliche Früchte für eine relativ lange Beschäftigung der Vögel sorgen. Ähnliches erreicht man mit Nüssen, die man in der Schale beläßt, so daß die Vögel sich den Leckerbissen eigenständig „erarbeiten"

müssen. Der Nistkasten muß ganzjährig zur Verfügung stehen, da er auch außerhalb der Brutzeit gerne benagt und untersucht wird. In Alldrahtkäfigen können große Schüsseln mit Erde oder Sand angeboten werden, damit auch die darin gehaltenen Vögel eine Möglichkeit vorfinden, im Sand nach Futter zu suchen oder einfach in ihm zu buddeln. Vögel, die in Volieren der üblichen Bauweise leben, nutzen den Boden manchmal auch zu diesem Zweck. Je größer die Variationsbreite der gebotenen Beschäftigungen ist, desto geringer wird die Reizarmut und demzufolge auch die Langeweile der Vögel. Wichtig ist vor allem die Abwechslung und Vielfältigkeit der gebotenen Möglichkeiten.

Papageien richtig ernähren

Über die natürliche Ernährung der Papageien in freier Wildbahn liegen nur wenige Erkenntnisse vor, die allesamt auf Einzelbeobachtungen beruhen. Es ist bekannt, daß sie eine vielseitig gestaltete Nahrung zu sich nehmen, die unter anderem aus verschiedenen Früchten, Beeren, Knospen, Nüssen, Sämereien in verschiedenen Reifestadien sowie in geringen Mengen auch aus animalischer Herkunft besteht. Bei vielen Papageien verfügt man allerdings über langjährige Erfahrungen in der Haltung, so daß es möglich wurde, auch den Vögeln in Menschenobhut ein relativ ausgewogenes Nahrungsspektrum anzubieten. Grundsätzlich ist es erforderlich, den Vögeln täglich ein vielseitiges Grundfutter zu bieten und ihnen so die Möglichkeit zu geben, die jeweils notwendigen Komponenten – die ihrem Bedarf am ehesten entsprechen – zu entnehmen. Aus demselben Grund muß die angebotene Futtermenge so gestaltet werden, daß sich die Vögel nicht nur von Leckerbissen ernähren, sondern alle Futtermittel verwerten.

Fütterungspraxis

Die Grundlage der Papageienernährung stellt ein Gemisch aus verschiedenen Sämereien dar, das täglich angeboten werden muß. Hiermit decken die Vögel vor allem ihren Bedarf an Kohlenhydraten und Fetten. Es ist sozusagen der Treibstoff für ihre Aktivitäten. Die Grunddiät muß ausgewogen und vielfältig zugleich sein. Je nach Jahreszeit (Sommer/Winter), Haltungsweise (kleiner Käfig/große Voliere) und Aktivität

Hygienischer Futterplatz für Papageien.

Grasähren sind beliebte Nahrungsmittel, die gegen Langeweile helfen.

(Ruhephase, Brutzeit) der Papageien muß die Zusammensetzung sowie die täglich angebotene Menge angepaßt werden. Vögel, die in einer kleinen Zimmervoliere gehalten werden, brauchen weniger Energizufuhr als solche, die in großen Außenvolieren leben – ein Hochleistungssportler benötigt beispielsweise auch mehr Energie als ein Normalbürger. Nicht viel anders verhält es sich bei den Papageien. Während der Brutzeit benötigen sie zudem eine größere Futtermenge, da die Produktion von Eiern sehr viel Energie verlangt. Gleiches gilt für die nachfolgende Jungenaufzucht. Zusätzlich zum Körnerfutter ist es dann wichtig, daß tierische Eiweiße und reichhaltige Obst- und Gemüsegaben erfolgen. Die Regulation der Körpertemperatur verlangt ebenfalls Energie. Daher ist es einleuchtend, daß Papageien, die in einer Freivoliere gepflegt

werden (vor allem in der kalten Jahreszeit), entsprechend energiehaltigere und mehr Nahrung erhalten müssen als jene, die in einer ständig warmen Zimmervoliere leben. WOLF & KAMPHUES (1996) stellten bei ihren Untersuchungen fest, daß die insgesamt aufgenommene Futtermenge (ein Vogel pro Käfig, Umgebungstemperatur 20 °C, Hell-/Dunkelrhythmus 12 : 12 Stunden) nur in geringem Maße variiert. Bei Angebot von Futtermischungen, die vorwiegend fetthaltige Sämereien enthielten (z. B. Sonnenblumenkerne und Erdnüsse) wurden diese in der Regel bevorzugt gefressen.

Normalerweise hätte man erwartet, daß bei energiehaltigerem Futter entsprechend geringere Mengen aufgenommen werden, was sich allerdings nicht bestätigte. Dies wurde auf die unterschiedliche Akzeptanz der angebotenen Futtermittel zurückge-

Viele Kakadus kommen wie dieser Inkakakadu, Caca- tua leadbeateri, *zur Nahrungssuche auf den Boden.*

führt. Die aufgenommenen Futtermengen variierten nicht nur in Abhängigkeit von der Art des Futters, sondern auch zwischen den betrachteten Arten (Agaporniden, Kakadus, Amazonen, Graupapageien). In Relation zur Körpermasse nahmen kleinere Papageien (z. B. Agaporniden oder Goffin-Kakadus) grö- ßere Futtermengen zu sich als größere Arten (Amazonen, Graupapageien).

Durchschnittlicher Futterverzehr von Papageien bei praxisüblichen Mischungen:

Art	Futteraufnahme in g Trockensubstanz/Tier & Tag
Agaporniden	4,5
Kakadus	13,0
Amazonen	15,0
Graupapageien	13,0

Da Papageien die meisten Saaten vor dem Verzehr entspelzen, wird ein bestimmter Prozentsatz der angebotenen Gesamtfut- termenge unvermeidlich zu unbrauchbaren Futterresten. Der jeweilige Anteil varriiert sehr stark in Abhängigkeit vom jeweiligen Nahrungsbestandteil. So können beim Mais zwischen 2 und 5 %, bei der Kardisaat bis zu 58 % nicht von den Papageien genutzt wer- den. Es wird daher notwendig, bei einem handelsüblichen Mischfutter (Sonnenblu- menkerne, Kardisaat, Haferkerne, Hanf, Mais und Zirbelnüsse) etwa 65 bis 85 % mehr an Futter anzubieten, als der Papagei letztlich aufnimmt. Als Richtwerte werden zur Dek- kung des Erhaltungsstoffwechsels (außer- halb der Brutzeit) empfohlen, Agaporniden etwa 8 bis 12 g oder Amazonen, Graupapa- geien und Kakadus etwa 30 g Futter pro Tag und Vogel anzubieten. Wichtig ist die Er- kenntnis, daß verschiedene Haltungsbedin- gungen entscheidenden Einfluß auf die täg- liche Futteraufnahme nehmen. Es wurde festgestellt, daß mit zunehmender Besatz- dichte eines Käfigs in der Regel ein höherer Futterverbrauch pro Tier zu verzeichnen ist. Bei Versuchen mit Agaporniden wurde die Futteraufnahme bei der Haltung von vier oder sechs Vögeln pro Käfig im Vergleich zur Einzelhaltung um 17 und 26 % gesteigert. Bei erweiterten Bewegungsräumen der Tie- re, zum Beispiel durch Einsetzen in eine größere Unterkunft ist ein vergleichbarer Effekt festzustellen, was mit der höheren Bewegungsaktivität zu erklären ist.

Futtermischungen für Papageien
Handelsübliche Futtermischungen für Papa- geien weisen erhebliche Unterschiede – so- wohl in der botanischen, als auch in der che-

mischen Zusammensetzung – auf. Ferner bleibt festzuhalten, daß diese oft als „Alleinfutter für Papageien" deklarierte Mischungen ihrem Namen nicht gerecht werden. Besonders im Bereich der Mengen- und Spurenelemente sind bei ausschließlicher Fütterung dieser Mischungen auf Dauer Mangelsituationen möglich. Insbesondere weisen sie unzureichende Calcium- und Natriumgehalte auf sowie ein als ungünstig einzustufendes Verhältnis von Calcium zu Phosphor (empfohlener Wert 1,5 : 1). Grundsätzlich muß darauf geachtet werden, daß die genutzten Futtermischungen nicht zu einseitig gestaltet sind, das heißt nur aus wenigen Saaten bestehen. Viele der „klassischen" Papageienfuttermischungen enthalten überwiegend Sonnenblumenkerne, Erdnüsse und Mais. Dies kann keine ausgewogene Ernährung gewährleisten! Allerdings hat sich in den letzten Jahren die Qualität der Papageienfuttermittel verbessert und die namhaften Hersteller bieten inzwischen abwechslungsreichere Grundfuttermischungen an. Eine Alternative oder Ergänzung bieten auch Taubenfuttermischungen (Diätmischung, Zucht- und Reis), die man am besten 24 Stunden in Wasser einweicht, bevor sie verfüttert werden. Ohnehin stellt das Körnerfutter nur eine Grundversorgung sicher, die – je nach Art – etwa zwei Drittel der Gesamtfuttermenge ausmacht. Der Rest muß sich aus Früchten, wenigen Nüssen und Keimfutter zusammensetzen.

Futtermittel aus der Natur

Das Grundfutter (Körnermischung) ist nur ein Bestandteil der Ernährung von Papageien. Besonders gut ist es für die Vögel, wenn sie auch frische Nahrungsmittel aus

Nüsse und Trockenfrüchte sind ein wertvolles Ergänzungsfutter für Großpapageien.

der freien Natur bekommen. Diese sind meist einfach zu beschaffen, werden sehr gerne genommen und sind ein wertvoller Beitrag zur Gesunderhaltung Ihrer Papageien. In der folgenden Liste sind Futtermittel aufgeführt, die man meist beim Waldspaziergang oder im eigenen Garten sammeln kann: Vogelmiere, *Stellaria media*; Löwenzahn, *Taraxacum officinale*; Acker-Kratzdistel, *Cirsium arvense*; Kohl-Kratzdistel, *Cirsium oleraceum*; Einjähriges Rispengras, *Poa annua*; Ampfer-, *Rumex*-Arten; Vogel-Knöterich, *Polygonum aviculare*; Hühnerhirse, *Panicum crus-galli*; Rispenhirse, *Panicum miliaceum* und weitere.

Es gibt natürlich noch viele weitere Möglichkeiten und Pflanzenarten, die den Papageien angeboten werden können. Wichtig zu erwähnen sind noch die verschiedenen Beerensorten, die man vielerorts sammeln

Körnerfutter und Trockenfrüchte sind in den Wintermonaten eine gute Nahrungsalternative.

26 Stunden die ersten Keime hervor. Noch einmal wird die Saat gut durchgespült und in separaten Schälchen zur Nahrungsaufnahme angeboten (Vorsicht! Rasche Verderblichkeit vor allem an warmen Tagen). Keimfutter zeichnet sich als guter Vitamin- und Energiespender mit günstiger Verdaulichkeit aus. Wegen des hohen Nährstoffgehalts eignet sich diese Nahrung besonders als Ergänzungsfutter vor und während der Brutperiode. Gequollenes Futter wird der Erfahrung nach ebenfalls gerne und täglich angenommen. Gequollenes Futter simuliert den Papageien eine Art Frischezustand der Samen, ist leichter verdaulich und wird durch das Aufquellen und mehrmalige Durchspülen einer gründlichen Reinigung unterzogen.

kann. Infrage kommen vor allem Beeren von Ebereschen, Hagebutten, Feuerdorn und Weißdorn. Gerne werden auch die Früchte des Holunders, Himbeeren und Brombeeren genommen. Ganz besonders wichtig für die Mineralstoffversorgung und Beschäftigung der Vögel ist die regelmäßige Gabe von frischen Zweigen zum Benagen. Auch Kiefernzapfen werden gerne benagt und die Samen gefressen.

Quell- und Keimfutter
Zur Herstellung von gequollener Saat füllt man die für einen Tag benötigte Futtermenge in ein mit Wasser gefülltes Gefäß. Nach mehrmaligem gründlichen Durchspülen können die Samen den Vögeln nach etwa 24 Stunden als Quellfutter gereicht werden. Zur Herstellung von Keimfutter verteilt man das Quellfutter flach auf ein mit Fliegendraht bespanntes Holzrähmchen (oder großes Sieb) und stellt dieses warm. Je nach Temperatur brechen nach weiteren 24 bis

Futter tierischer Herkunft
Den Bedarf an hochwertigem tierischem Eiweiß läßt sich durch regelmäßige Gaben von Quark, Yoghurt, hartgekochten Eiern, Maden, kleinen Mengen Rindergehacktes, Futtermischungen für Insektenfresser oder Hunde- und Katzenpellets decken. Dabei muß aber vor übertriebenen Gaben von tierischem Eiweiß gewarnt werden. WOLF & KAMPHUES (1996) stellten fest, daß der tägliche Proteinbedarf im Erhaltungsstoffwechsel bereits durch das Angebot üblicher Sämereienmischungen gedeckt ist. Im Leistungsstoffwechsel (Mauser, Wachstum) sind allerdings Ergänzungsgaben erforderlich, vor allem um den Bedarf an schwefelhaltigen Aminosäuren zu decken.

Weichfutter
Weichfutter ist vor allem dann nötig, wenn die Vögel vor und während der Brutzeit einen

erhöhten Eiweißbedarf haben. Dieser wird vor allem durch die zusätzlichen Stoffwechselbelastungen bei der Eiproduktion, beim Brüten und bei der Jungenaufzucht bewirkt. Auch die Entwicklung der Jungvögel ist ohne zusätzliche Eiweißzufuhr nicht optimal zu gewährleisten. Aus diesen Gründen ist es günstig, die Vögel frühzeitig an die Aufnahme von Weichfutter zu gewöhnen. Ein zusätzlicher Vorteil kommt dann zum Vorschein, wenn man ein krankes Tier mit Medikamenten oder zusätzlichen Vitaminpräparaten versorgen muß. Diese sind über das Weichfutter wesentlich besser zu verabreichen als über das Trinkwasser, da Papageien vergleichsweise wenig trinken. Folgendes Rezept für ein Weichfutter ist empfehlenswert: ein hartgekochtes Eigelb wird durch ein Sieb gedrückt, mit einem altbackenen, eingeweichten und kräftig ausgedrückten Brötchen oder Weißbrot oder der gleichen Menge Zwiebackmehl und circa 50 g geriebener Möhre vermischt. Hinzugesetzt werden ein Eßlöffel Sojamehl, Trockenmilch, käufliches Insektenweichfutter sowie je ein Teelöffel Honig-Milch-Präparat. Dazu gibt man noch einige Weizenkeime und eine Messerspitze guten pulverisierten Mineralstoffgemischs. Die zu verfütternde Menge hängt natürlich von der Anzahl der Tiere ab. Es muß solch eine Menge angeboten werden, daß das Weichfutter am nächsten Tag bis auf einen kleinen Rest verzehrt wurde.

Flüssigkeit

Bei reichlicher Obstfütterung und Fütterung von gequollenen Saaten nehmen Papageien in der Regel wenig zusätzliches Wasser zu sich, da der Flüssigkeitsbedarf zum großen Teil durch die Futtermittel gedeckt wird. Für

Papageien nutzen ihre Greiffüße auch zum Festhalten von Nahrungsbrocken.

die Wasserversorgung kommt normalerweise Leitungswasser zum Einsatz; bewährt hat sich aber auch natürliches Mineralwasser ohne Kohlensäure. Ratsam sind auch wöchentliche Gaben von vitaminreichem Frucht- oder Möhrensaft.

Futternäpfe

Futternäpfe müssen aus hygienischen Gründen leicht zu reinigen und stabil sein. Hier haben sich glasierte Tonschalen (Gartenfachhandel) und nicht-rostende Edelstahlnäpfe bewährt. Den Papageien wird die tägliche Nahrung in der Regel in vier Futternäpfen angeboten (einer für die Sämereien, einer für Obst, Gemüse, Grünfutter, Keimfutter etc., einer für Grit und einer für Wasser).

Mit dem mächtigen Schnabel knacken Aras auch hartschalige Nüsse.

Gewöhnung an neue Futtermittel

Um negative Begleiterscheinungen zu vermeiden, sind Papageien grundsätzlich langsam an eine Futterumstellung heranzuführen. Am besten wird von der neuen Futtermischung jeden zweiten Tag etwas mehr unter die gewohnten Sämereien gemischt, so daß die Papageien sich schrittweise an das neue Futter gewöhnen können.

Sonstiges

Papageien verzehren mit Vorliebe frischen Mais, der in halbreifer oder reifer Form in Kolben angeboten wird. In der Regel werden von allen Papageien gerne verschiedene Beerensorten genommen. Nach der Verfütterung ist allerdings auf die Kotkonsistenz zu achten. Die Verfütterung von Erdnüssen ist – trotz ihrer Beliebtheit bei den meisten Tieren – sehr umstritten, da insbesondere die Schale als Überträger der „Aspergillose", einer Schimmelpilzinfektion der luftführenden Atemwege mit oft tödlichem Ausgang, vermutet wird. Frisches Holz mit Knospen, jungen Trieben oder Blättern (ungespritzter Obstbäume, Weiden, Buchen, Eichen) zeichnet sich durch einen günstigen Mineralstoff-

gehalt aus und wird von allen Papageien mit großer Vorliebe benagt. Daneben wird gleichzeitig der Spiel- und Beschäftigungstrieb befriedigt. In der Brutzeit schälen einige Papageienarten die Rinde ab und verwenden sie als Nistmaterial. Speisereste des Menschen dürfen den Vögeln nicht als Nahrungsquelle dienen, da sie auf Dauer den Organismus schädigen können und insbesondere Leberschäden begünstigen. Papageien zeichnen sich im allgemeinen durch einen gut ausgeprägten Geschmacksinn aus und bevorzugen demzufolge bestimmte Nahrungsobjekte. Um durch einseitige Ernährung hervorgerufenen Mangelsituationen entgegenzuwirken, sind gelegentliche Gaben eines Multivitaminpräparats (aus dem Zoofachhandel, Packungsbeilage beachten!) ratsam. Den Gefiederten muß zusätzlich zur Nahrung ständig in einem separaten Futternapf Grit zur Verfügung stehen. Die einzelnen Steinchen dienen vor allem der Unterstützung der Reibetätigkeit des Muskelmagens, sozusagen als „Zahnersatz". Zur Mineralstoffversorgung streut man handelsüblichen Futterkalk wöchentlich über das Futter (z. B. Keimfutter oder Obst), das die Papageien bevorzugen.

Papageien unterliegen als Tropenvögel einem natürlichem Zwölf-Stunden-Rhythmus, das heißt zwölf Stunden Tag und zwölf Stunden Nachtruhe. Um ausreichend Nahrung zu sich nehmen zu können, ist es erforderlich, den Vögeln den jahreszeitlich bedingten kürzeren Wintertag durch eine künstliche Lichtquelle zu verlängern. Geschieht dies nicht, so kann der Vogel unter Umständen nicht ausreichend Nahrung zu sich nehmen und entsprechend verwerten, was langfristig zu entsprechenden Folgeschäden führt.

Die Paarung zweier Hyazintharas, Anodorynchus hyazinthinus, ist ein seltenes Erlebnis.

Allgemeines

Es ist immer wieder ein schönes Erlebnis, wenn sich die gepflegten Vögel fortpflanzen und die Aufzucht der Jungen zu beobachten ist. Besonders einige Kleinpapageien und Sittiche haben sich als sehr fortpflanzungswillig gezeigt und widmen sich in den Volieren der Liebhaber der Jungenaufzucht. Dies kann zum Problem führen, so daß man die Jungtiere bald nicht mehr halten kann, weil der Platz nicht ausreicht und die Eltern zuweilen aggressiv gegen den Nachwuchs vorgehen. In diesen Fällen bleibt nur die Abgabe der Vögel, bei der man – ebenso wie beim Papageienerwerb – sehr sorgfältig vorgehen muß. Man will ja schließlich nicht, daß die mühevoll nachgezüchteten Papageien in schlechte Hände geraten! Bei sehr produktiven Arten gehen einem bald die Abnehmer aus, so daß man für eine gewisse „Familienplanung" sorgen muß.

Wenn Eier gelegt werden, so kann man diese gegen Kunsteier austauschen oder die echten Eier ausblasen und den Vögeln wieder unterschieben. Auf diese Weise können die Elterntiere ihren Bruttrieb ausleben, ohne daß neue Junge für Probleme sorgen. Keinesfalls darf man aber einfach die gelegten Eier entfernen, da dies das Weibchen in der Regel zur Neubildung weiterer Eier anregt und es somit auf Dauer aufgrund des Nährstoffverbrauchs sehr schwächt.

Wer Papageien züchten will, der muß sich beim zuständigen Amt eine Genehmigung einholen und einen Kontrollbesuch sowie ein Gespräch mit dem Amtstierarzt überstehen. Erst wenn man eine amtliche Genehmigung hat, ist man dazu berechtigt zu züchten, die Jungtiere zu beringen und überhaupt erst amtliche Fußringe zu erwerben. Wer ohne Genehmigung züchtet, wird es schnell mit den Behörden zu tun bekommen, und schon so mancher Papagei ist

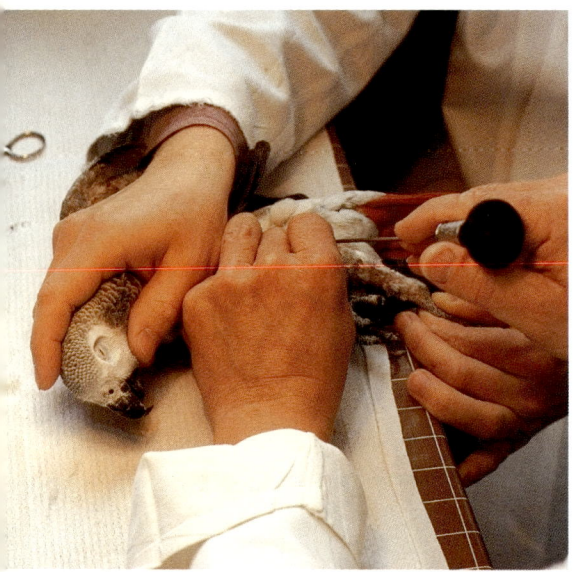

Eine endoskopische Geschlechtsbestimmung bei einem Graupapagei.

(kostenpflichtig) beschlagnahmt worden, nur weil der Halter meinte, sich nicht an die gesetzlichen Bestimmungen halten zu müssen oder diese erst gar nicht kannte!

Geschlechtsbestimmung

Eine der Grundvoraussetzungen für eine erfolgreiche Zucht ist natürlich die Zusammenstellung eines Paars. Da sich die Geschlechter vieler Papageienarten nicht aufgrund äußerlicher Kennzeichen erkennen lassen, sind tiermedizinische Methoden der Geschlechtsbestimmung notwendig.

Laparoskopie (diagnostische Endoskopie)
Für die Laparoskopie wird ein Endoskop verwendet, das zur Untersuchung des Gelenkspalts beim Menschen entwickelt wurde.

Das Gerät setzt sich aus einer schwachen Lichtquelle, einem flexiblen Leuchtstab und dem Arthroskop mit einem Trokar und einer Kanüle zusammen. Beim modernsten System wird ein flüssigkeitsgefüllter Leuchtstab verwendet. Das Endoskop besteht aus einem äußeren Glasfaserbündel, welches das Licht auf das zu betrachtende Organ lenkt, und das um einen inneren Linsenkern gewickelt ist, der das Untersuchungsteleskop bildet. Das Ganze befindet sich in einer Hülle aus rostfreiem Stahl. Die Operation kann unter allgemeiner oder lokaler Anästhesie durchgeführt werden. Eine Lokalanästhesie ist nur für eine rasche Inspektion der Gonaden wirklich geeignet, bei der nacheinander eine chirurgische Geschlechtsbestimmung vieler Vögel durchgeführt wird. Eine Allgemeinanästhesie ermöglicht eine einfachere und sicherere Kontrolle des Papageien und das Risiko, innere Organe durch das Endoskop zu verletzen, ist viel geringer. Darüber hinaus steht mehr Zeit für eine gründliche Untersuchung innerer Organe zur Verfügung. Keine Methode ist frei von Risiken. Allerdings sind die Risiken dieser Untersuchungsmethode – eine sachkundige Durchführung vorausgesetzt – relativ gering.

Sonstige Methoden
Die Endoskopie ist die bislang am häufigsten angewandte Methode zur Geschlechtsbestimmung monomorpher Papageienarten, doch soll im Folgenden eine weitere Methode nicht unerwähnt bleiben, da sie eine interessante Alternative darstellt. Immer mehr Beachtung findet die zytogenetische Geschlechtsbestimmung durch spezialisierte Laboratorien, deren Anschriften man in den gängigen Zeitschriften findet. Hierbei

Nur bei wenigen Papageien lassen sich die Geschlechter wie bei diesen Edelpapageien anhand der Gefiederfärbung unterscheiden.

wird mit Hilfe einer Nährlösung die Zellteilung künstlich ausgelöst, um die Chromosomen anschließend mikroskopisch untersuchen zu können. Da die Chromosomen männlicher Zellen sich unterscheiden, die der weiblichen sich aber gleichen, kann das Geschlecht eindeutig bestimmt werden. Die Vorteile der letzten drei Methoden liegen auf der Hand, da keine entscheidenden Eingriffe mehr am Vogel selbst notwendig werden wie bei der Endoskopie. Es sind kein streßauslösendes Fangen, kein Transport und vor allem keine Narkose mehr erforderlich und selbst bei Jungvögeln ist sie durchführbar. Der Preis ist nicht wesentlich höher als der für eine Endoskopie, so daß diese Methode nur empfohlen werden kann.

Zusammenstellung von Paaren

Papageien sind sozial lebende Vögel, die zu ihrem Wohlbefinden den ständigen Kontakt eines gegengeschlechtlichen Artgenossen benötigen. Leider wird immer wieder versucht, Papageien einzeln als zahme und sprechende Heimtiere zu halten, was in der Regel negative Auswirkungen auf die Vögel hat. Dies ist vor allem damit zu begründen, daß der menschliche Pfleger zum einen aus rein zeitlichen Gründen kaum in der Lage ist, die hohen Ansprüche der Vögel an ihren Partner zu erfüllen. Zudem gibt es Verhaltensabläufe, die naturgemäß nicht vom Menschen ersetzt werden können, die aber zur Gesunderhaltung der Vögel unbedingt erforderlich sind. Man denke in diesem Zusammenhang nur an Vögel, die mit dem Eintritt der Geschlechtsreife beginnen, den menschlichen Ersatzpartner anzubalzen, Kopulationsversuche an der Käfigeinrich-

Panama-Amazonen-Mutter mit Jungen,
Amazona ochrocephala panamensis.

tung oder ähnliche veränderte Verhaltensweise zeigen. Eine langfristige Einzelhaltung von Papageien führt häufig zu untolerierbaren Folgeschäden. Besonders betroffen sind hierbei Vögel, welche die Geschlechtsreife erreichen. Allgemein sieht man als solche Verhaltensänderungen vor allem periodisch oder in unregelmäßigen Abständen auftretende Unruhezustände, eine erhöhte Aggressivität gegenüber dem Pfleger und das Ausrupfen und Fressen der eigenen Federn an. Letztere Erscheinung wird nicht selten mit einer Neurose verglichen, also einer deutlich ausgeprägten psychischen Erkrankung des Vogels. Einige Exemplare versuchen sogar den menschlichen Pfleger mit hochgewürgtem Futter zu versorgen oder führen Kopulationsversuche an ihm oder anderen Ersatzobjekten durch. Alle diese Verhaltensweisen sind deutliche Auswirkungen, die aufgrund der von Artgenossen isolierten Haltung zustande kom-

men können. Bis zu einem bestimmten Zeitpunkt ist es glücklicherweise möglich, solche Schäden durch das Vergesellschaften mit geeigneten Partnern auszugleichen oder zumindest zu mildern. Die bisherigen Ausführungen verweisen eindeutig auf die paar- oder gruppenweise Haltung von Papageien als Grundvoraussetzung einer geeigneten Haltungsmethode. Hierbei dürfen wir auch keine Unterschiede zwischen sogenannten Kleinpapageien, Sittichen und Großpapageien treffen. Vom Wellensittich bis zum Ara gilt: **Ein** Papagei ist **kein** Papagei!
Die Zusammenstellung eines harmonierenden Paars ist nicht unproblematisch, da Papageien ihre Partner nach bislang unbekannten, scheinbar individuellen Kriterien auswählen. Die Paare bilden sich nach den bisherigen Erkenntnissen im Jugendalter. Doch natürlich können auch noch ältere Vögel erfolgreich miteinander vergesellschaftet werden, wenngleich dies mitunter

Links oben: *Graupapageien-Altvogel*
Links unten: *Graupapageien-Jungvogel in der Voliere.*
Rechts oben nach unten:
Gelege von Graupapageien.
Wenige Tage alte Nestlinge.
Nestlinge nach einigen Wochen

erheblich komplizierter sein kann. Um den Papageien zumindest eine beschränkte Auswahl an potentiellen Partnervögeln zu bieten, sollte man, sofern man die Möglichkeit dazu hat, eine kleine Gruppe halten. Diese setzt man gleichzeitig in die Voliere und beobachtet sie die erste Zeit, um bei eventuell auftretenden Kämpfen eingreifen zu können. Allerdings sollte man in dieser Hinsicht nicht übertrieben vorsichtig reagieren und jede aggressive Auseinandersetzung unterbinden. Auch das Aggressionsverhalten der Papageien unterliegt gewissen „Regeln", so daß ernsthafte Auseinandersetzungen, die zu Verletzungen führen, äußerst selten sind. Dies setzt natürlich entsprechende Ausweich- und Versteckmöglichkeiten in der Voliere voraus. Frühzeitiges Eingreifen kann unter Umständen den Paarbildungsprozeß bei einzelnen Vögeln negativ beeinflussen. Nach einiger Zeit wird sich mit großer Wahrscheinlichkeit zumindest ein Paar zusammen getan haben. Dies kann man zum Beispiel an der häufig auftretenden sozialen Gefiederpflege, aber auch am gemeinsam vorgeführten Aggressionsverhalten gegenüber anderen Volierenbewohnern erkennen. So werden nicht selten andere Vögel am Futterplatz oder an beliebten Sitzplätzen (meist die höher gelegenen) gemeinsam attackiert oder vertrieben. Überhaupt stellt sich nicht selten eine gewisse Dominanz der zusammengeschlossenen Paare vor allem gegenüber Einzeltieren in der Voliere heraus. Hat sich ein solches Paar zusammen getan, dann sollte man es möglichst in eine zur paarweisen Haltung vorgesehenen Voliere umsiedeln, damit die anderen Vögel nicht zu sehr unter dem dominanten Paar leiden müssen. Natürlich dauert der Paarbildungs-

prozeß eine gewisse Zeit. Zudem hängt er scheinbar von den individuellen Eigenschaften der Vögel ab, da manche Paare bereits nach Tagen, andere nach Wochen oder sogar erst nach Monaten einen Partner gefunden haben. An dieser Stelle ist einfach Geduld gefragt. Leider sind viele Halter dazu gezwungen, ihre Vögel einer „Zwangsverpaarung" zu unterziehen. Hierbei werden zwei möglichst gegengeschlechtliche Tiere in der Hoffnung zusammen gehalten, daß sich die Papageien einander anschließen. Eine solche Verpaarung muß immer mit großer Behutsamkeit durchgeführt werden, was ein langsames Gewöhnen der Artgenossen aneinander, ständiges Beobachten durch den Pfleger und mitunter eine gewisse Auswahl an potentiellen Partnervögeln einschließt. Folgende Punkte müssen bei einer Verpaarung beachtet werden:

1. Es ist günstig, wenn die Vögel in ihren Käfigen zunächst einige Tage nebeneinander stehen und Laut- und Sichtkontakt aufnehmen können. Möglichst sollte hierfür ein beiden Vögeln unbekannter Raum gewählt werden, damit kein „Heimvorteil" für einen entsteht.

2. Nach einigen Tagen gewährt man den Tieren gemeinsame Zimmerausflüge, die eine weitere Kontaktmöglichkeit darstellen. Auf diese Weise wird eine gewisse Gewöhnung erreicht, bevor die Vögel eine gemeinsame Unterkunft (geräumige Voliere) beziehen.

3. Zahme Papageien haben oft Schwierigkeiten, sich mit den neuen Artgenossen auseinanderzusetzen. Der vorherige Partner Mensch darf sich nur in ernste Auseinandersetzungen einschalten und muß die Vögel ansonsten gewähren lassen.

4. Die Vögel sind sorgfältig zu beobachten und bei ernsthaften Auseinandersetzungen zu trennen. Teilweise muß man Papageien mehrere Artgenossen als Alternative „vorstellen".

5. Nur artgleiche Tiere vergesellschaften, da bei ihnen die Kontaktaufnahme am günstigsten abläuft. Möglichst gegengeschlechtliche Vögel verpaaren.

Eine andere Möglichkeit bietet sich dann, wenn man beide Vögel in einer für sie unbekannten Umgebung unterbringt und sie direkt in der künftigen Voliere zusammensetzen kann. Diese Voliere muß dann aber so groß sein, daß die Möglichkeit zum Ausweichen besteht.

Nistgelegenheiten

Papageien sind überwiegend Höhlenbrüter, die in freier Wildbahn ausgehöhlte Äste oder Baumstämme als Nistgelegenheit benutzen. Zur Zucht in Menschenobhut sind daher künstliche Bruthöhlen erforderlich, die bestimmte Kriterien erfüllen müssen. Es gibt verschiedene Nistkastentypen, die alle mehr oder minder geeignet sind. Gerade bei Nistkastenauswahl kommt es auch auf die individuellen Vorzüge des jeweiligen Paars an, so daß es sich empfiehlt, zunächst mehrere Versionen anzubieten, um den Vögeln eine Auswahl zu ermöglichen. Hat sich dann eine Variante als erfolgreich erwiesen, so sollten die anderen Nistkästen aus der Voliere entfernt werden, um die Vögel nicht unnötig abzulenken. Ebenso wichtig wie die Bauweise des Nistkastens kann mitunter der Standort desselben sein. Hier empfiehlt sich ebenfalls die Möglichkeit zur Wahl durch mehrere unterschiedliche Standorte

Solche Nistgelegenheiten sind für die Papageienzucht unerläßlich.

zu ermöglichen. Diese sollten aber nur in Innenvolieren gelegen oder durch ein Dach geschützt sein. Der fest bezogene Nistkasten sollte nur dann ausgewechselt werden, wenn er von den Vögeln so beschädigt wurde, daß er unbrauchbar wird. Ansonsten entspricht es der Natur der Papageien, eine einmal gewählte Brutgelegenheit mehrmals zu benutzen. Ist dann schließlich doch ein neuer Nistkasten nötig, so muß man auf jeden Fall die gleiche Bauweise verwenden.

Der Nistkasten bleibt in der Regel ganzjährig in der Voliere, da es manche Vögel vorziehen, nachts darin zu schlafen. Zudem gehört ein Nistkasten zur gewohnten Umgebung der Vögel und ein Entfernen könnte als Stö-

Dieser Inkakakadu, Cacatua leadbeateri, *ruht sich im Nistkasten aus.*

rung empfunden werden. Er bietet Schutz- und Rückzugsmöglichkeiten und wird gerne benagt und beklettert. Manche Züchter bieten aber auch nur während der Brutzeit einen Kasten an, weil sie sich dadurch eine Stimulation der Brutpaare erhoffen.

In der Praxis haben sich sowohl ausgedrechselte Naturstammnisthöhlen als auch selbstgezimmerte Holzkästen bewährt. Wenige Zentimeter über dem Nistkastenboden bringen wir eine Kontrollklappe an.

Diese ermöglicht während einer Brut das ständige Beobachten des Brutgeschehens. Beim Nistkastenbau muß man möglichst fugenlos arbeiten, um den Lichteinfall möglichst gering zu halten. Dunkle Innenräume einer Nistgelegenheit scheinen dem Sicherheitsbedürfnis vieler Paare entgegenzukommen. Verwendet werden ausschließlich massive Holzplatten, da andere Materialien zu schnell zerstört würden und eventuell gesundheitliche Risiken in sich bergen können. Naturstammnisthöhlen werden von spezialisierten Firmen nach den Wünschen der Kunden angefertigt, sind aber vergleichsweise teuer. Der Vorteil solcher Nistgelegenheiten – geht man davon aus, daß die meisten Papageien beide Formen gleich gut annehmen – liegt vor allem im günstigeren Mikroklima innerhalb des Stamms. Dieser Effekt ist aber auch durch die Verwendung dickwandiger Bretter und weitgehend fugenloser Verarbeitung mit normalen Holzkästen weitgehend zu erreichen. An der Innenseite der Nistgelegenheit bringen wir eine Kletterhilfe an, die dem Weibchen und den flügge werdenden Jungvögeln das Hinein- und Herausklettern aus dem Kasten erleichtert. Eine solche Kletterhilfe kann man leicht aus Hartholzleisten, kleinen Ästen oder ähnlichem herstellen. Wenn die Vögel sehr nagefreudig sind, empfiehlt sich mitunter die Verwendung von punktgeschweißtem und spitzenfreiem Gitter. Nistkästen werden aufgrund der mitteleuropäischen Klimaverhältnisse ausschließlich im Innenraum aufgehängt. Als Standort wählt man in der Regel das obere Volierendrittel, sehr große Nistkästen werden manchmal auch auf Sockeln oder ähnlichem befestigt. Bei Paaren, die dazu neigen in den

Kasten zu springen und so eventuell das Gelege zerstören könnten, empfiehlt es sich, die Nistgelegenheiten schräg oder waagerecht aufzuhängen. Aus demselben Grunde benutzen einige Züchter gerne L-förmige Nistkästen, bei denen ein direktes Springen auf das Gelege nicht möglich ist. Als Nistkasteneinstreu werden die unterschiedlichsten Materialien empfohlen. Darunter sind unbehandelter Rindenmulch, grobe Holzspäne und Torf oder eine Mischung aus diesen Materialien am verbreitetsten. Die Eignung von Torf wird unterschiedlich beurteilt, da er teilweise mit Schimmelpilzsporen verseucht ist, die zur gefürchteten Aspergillose führen können. Das Nistmaterial wird erst nach Brutabschluß entfernt und der Nistkasten gereinigt und desinfiziert. Hierbei ist darauf zu achten, daß sich das Holz nicht mit für die Vögel schädlichen Chemikalien vollsaugt. Anschließend füllt man ihn mit neuem Einstreu und hängt ihn an seinem gewohnten Platz wieder auf.

Sonstige Bedingungen

Es wurde bereits darauf hingewiesen, daß Papageien durchaus in kleineren Sozialgruppen gehalten werden können, sofern die Unterbringungsmöglichkeiten entsprechend dimensioniert sind. Doch für eine erfolgreiche Zucht empfiehlt sich in der Regel eine paarweise Unterbringung der Papageien. Dies ist vor allem mit der teilweise sehr aggressiven Stimmung brutwilliger Paare zu begründen, die ein Zusammenleben von mehreren Vögeln in einer Voliere in der Regel unmöglich macht. Nur wenn sehr geräumige Volieren mit entsprechender Inneneinrichtung und ständiger Kontrolle durch den Pfleger vorhanden sind, kann ein Brutversuch in der Gruppenhaltung erfolgreich sein. Aus den gleichen Gründen empfiehlt es sich auch, Papageienpaare, die in Brutstimmung geraten sind, nicht in direkt benachbarten Volierenabteilen zu halten. Auf diese Weise vermeidet man, Rivalitäten zwischen den Paaren (Beißereien am Gitter u. ä.), die nicht selten zu Verletzungen führen können, sofern kein entsprechender Abstand und eine doppelte Drahtbespannung zwischen den Abteilen vorhanden ist. Aber selbst dann können sich rivalisierende Vögel gegenseitig vom Brutgeschäft abhalten. Im Gegensatz dazu wirkt sich ein Sicht- und Lautkontakt aus mehreren Metern Entfernung durchaus positiv auf die Zuchterfolge mancher Vögel aus. Am günstigsten setzt man hierzu in die jeweils benachbarte Voliere artfremde Vögel als „Puffer" zwischen die Papageienpaare. Als letzte Bedingung für einen erfolgreichen Brutverlauf sei der Faktor „Ruhe" genannt. Besonders Graupapageien und einige afrikanischen Langflügelpapageien haben sich als sehr störanfällig und nervös bei einer Brut gezeigt. Nachgezüchtete Vögel, die an die Anwesenheit des Menschen gewöhnt sind, werden zwar zur Zuchtperiode auch zunehmend mißtrauisch und aggressiv, lassen sich aber längst nicht so schnell vom Brutgeschäft abhalten. Im allgemeinen muß der Pfleger zur Brutphase bemüht sein, alle unnötigen Störungen wie zum Beispiel lärmende Besucher, Umbauarbeiten oder übertrieben durchgeführte Nistkastenkontrollen zu unterbinden.

Allgemeines

Natürlich können in diesem Buch nicht alle der rund 330 Papageienarten im Detail beschrieben werden. Es folgt daher lediglich eine Auswahl der bei Vogelhaltern beliebten Papageiengattungen, die zudem regelmäßig in Menschenobhut gezüchtet werden. Wer sich für die Pflege einer bestimmten Gattung interessiert, der muß sich als Ergänzung zu diesem Buch noch mit einschlägiger Fachliteratur über die jeweiligen Arten versorgen. Viele Büchereien haben ein erstaunlich großes Angebot an Titeln zum Thema in ihren Beständen, so daß man nicht immer selbst ein bestimmtes Buch für viel Geld erwerben muß. Sicher ist es aber nicht falsch, sich selbst einige Bücher zuzulegen.

Nicht nur die Größe machts. Auch – oder gerade – kleinere Papageienarten bezaubern durch ihren liebenswerten Charakter und ihre Farbenvielfalt.

Vorstellung beliebter Papageien

Kakadus, *Cacatua*
Eine artenreiche Gruppe innerhalb der Papageienvögel bilden die eigentlichen Kakadus.
Insgesamt sind elf Arten mit diversen Unterarten bekannt, von denen viele auch in
Menschenobhut zu finden sind. Das Verbreitungsgebiet der Gattung umfaßt die Philippinen, Sulawesi, Molukken, Sunda-Inseln,
Neuguinea und angrenzende Inseln, Salomonen und Australien sowie Tasmanien. Sie
bewohnen Wald- und Savannengebiete. Die
Bedrohung vieler Kakaduarten, besonders
der ausschließlichen Inselbewohner, ist durch
den massenhaften Fang für den internatio-
nalen Tierhandel und vor allem die fort-
schreitende Lebensraumzerstörung akut
geworden und sollte jeden Papageienhalter
vom Kauf eines Wildfangs abhalten. Besonders bedroht sind der Molukkenkakadu, *C.
moluccensis*, der Rotsteißkakadu, *C. haema-
turopygia* und der Goffin-Kakadu, *C. goffini*.
Aber auch der Kleine Gelbhauben- oder Gelb-
wangenkakadu, *C. sulphurea*, Weißhauben-
kakadu, *C. alba,* und Orangehaubenkakadu,
C. sulphurea citrinocristata sind zunehmend
in ihrem Bestand bedroht. Für mehrere Arten gibt es Schutzprojekte, die unbedingt
unterstützt werden sollten. Kakadus sind
mittelgroße bis große Papageienvögel, die
in der Regel über enorme Lautäußerungen
und ein verhältnismäßig stark ausgeprägtes
Nagebedürfnis verfügen, was besondere Anforderungen an das Haltungssystem stellt.
So können Kakadus nur dort in Freivolieren
leben, wo die morgendlichen und abend-
lichen Schreie der Vögel keine Nachbarn ver-
ärgern können. Gleiches ist zu beachten,
wenn man Kakadus in Innenvolieren halten

Gelbhaubenkakadus, Cacatua galertia, *brauchen
viel Flugraum.* Foto: S. Luft

möchte, da auch dort Lärm und vor allem
der ständig produzierte Gefiederstaub nicht
immer auf Zustimmung treffen. Kakadus
benötigen in den meisten Fällen sehr geräumige Volierenanlagen, die ihnen zum einen
genügend Freiräume für kurze Flugstrecken
und ihr ausgeprägtes Bewegungsbedürfnis
bieten, zum anderen den teilweise recht
aggressiven Partnervögeln ein Ausweichen
ermöglicht. Ansonsten kann es mitunter zu
bedauerlichen Zwischenfällen kommen, die
nicht selten mit Verletzungen oder gar mit
Todesfolge ausgehen.
Nachzuchten gibt es von den meisten Kakadus. Häufig allerdings nur Handaufzuchten,
die vielfach zu Problemfällen werden können. Grundsätzlich sind natürlich aufgewachsene Nachzuchten vorzuziehen. Kakadus legen in der Regel zwei bis vier Eier und
bebrüten diese artbedingt zwischen 22 und
30 Tage lang. Nach dem Schlüpfen bleiben
die Küken mancher Arten rund 50 bis 60
Tage in der Bruthöhle (z. B. *C. sulphuera* und

C. leadbeateri), andere Arten brauchen zwischen 80 und 90 Tage, bis sie das Nest verlassen (z. B. *C. moluccensis, C. galerita, C. alba*). Der Brillenkakadu, *C. opthalmica*, fliegt sogar erst nach etwa 120 Tagen aus. Etwa drei bis vier Wochen nach dem Ausfliegen werden die Jungvögel selbständig.

Nymphensittiche, *Nymphicus*
Der systematische Status dieser Sittiche ist umstritten. Zum einen sieht man eine Verwandtschaft zu den Plattschweifsittichen, zum anderen zeigen die Nymphensittiche Merkmale der Kakadus. Nymphensittiche, *N. hollandicus* bewohnen vor allem offene Gebiete Australiens, wo sie relativ häufig

Der Nymphensittich, Nymphicus hollandicus, *gehört zu den beliebtesten Papageienvögeln.*

sind. Nur geschlossene Wälder meiden sie. Die ständige Durchmischung der einzelnen Populationen, als Folge der nomadischen Lebensweise dieser anpassungsfähigen Sittiche, verhinderte die Ausbildung von Unterarten. Zur Nahrungssuche finden sich die Vögel auf dem Boden ein, wo sie vorwiegend nach Grassamen suchen. Nymphensittiche zählen neben dem Wellensittich zu den beliebtesten Stubenvögeln und werden entsprechend häufig gezüchtet. Es werden vier bis sechs Eier etwa 18 Tage lang bebrütet. Nach 33 Tagen ist mit dem Ausfliegen des Nachwuchses zu rechnen. Selbständig werden Nymphensittiche zwei bis drei Wochen später. Da diese schönen Vögel gute Flieger sind, müssen sie in entsprechend langgezogenen Volieren gehalten werden. Bei einer Käfighaltung müssen regelmäßige Zimmerfreiflüge für Ersatz sorgen. Diese Vögel sind sehr friedlich und können gut mit anderen friedfertigen Arten gemeinsam gepflegt werden. Es sind diverse Farbschläge bekannt, die auch weiße Vögel mit gelber Haube umfassen.

Unzertrennliche, *Agapornis*
Die Gattung der Agaporniden besteht aus zehn verschiedenen Arten, von denen neun auf dem afrikanischen Festland und eine (Grauköpfchen, *A. cana*) auf Madagaskar und einigen vorgelagerten Inseln zu finden ist. Agaporniden sind allesamt Höhlenbrüter, die allerdings verschiedenartige Brutgewohnheiten zeigen. So brütet zum Beispiel das Orangeköpfchen, *A. pullaria*, als Unter- oder Obermieter in großen Termitenbauten, in die sie selber Höhlen graben. Andere Arten bewohnen verlassene oder eigens angelegte Bruthöhlen in abgestorbenen Ästen,

brüten in Felsnischen oder sogar an Häusern menschlicher Siedlungen. Nahezu alle Agaporniden sind beliebte Papageienarten, die zum Teil sehr häufig in Menschenhand vermehrt werden. Eine Ausnahme bildet nur das Grünköpfchen, *A. swinderiana*, das sehr versteckt in westafrikanischen Waldgebieten lebt und keine Handelsrelevanz besitzt. Auch das Grauköpfchen, *A. cana* und der Taranta-Unzertrennliche, *A. taranta* werden eher selten gehalten und vermehrt – sind entsprechend begehrt und kostspielig. Die wohl häufigste Art ist das Rosenköpfchen, *A. roseicolli*, das bereits über mehrere Generationen vermehrt wird und unzählige Farbschläge hervorgebracht hat. Dies geht sogar so weit, daß kaum noch wildfarbene Exemplare, die reinerbig sind, zur Verfügung stehen. Weitere beliebte Arten sind das Schwarzköpfchen, *A. personata*, und das Pfirsichköpfchen, *A. fischeri*, die ebenfalls immer als Nachzucht zu erwerben sind. Weitere weniger verbreitete Arten sind das Erdbeerköpfchen, *A. lilianae*, und das Rußköpfchen, *A. nigrigenis*. Durchschnittlich werden fünf Eier je nach Art zwischen 21 und 25 Tage lang bebrütet. Einige Arten bauen hierzu ein kunstvolles Nest. Die Jungvögel sind schließlich mit etwa sechs bis sieben Wochen selbständig. Agaporniden sind sehr bewegungsfreudig und können sehr gut in Kleingruppen gehalten werden. Sehr wichtig ist die regelmäßige Gabe von frischen Zweigen zum Benagen und zum Nestbau. Einige Tiere können zänkisch sein und anderen Vögeln in die Beine beißen, so daß sie besser nicht mit anderen Vögeln vergesellschaftet werden sollten. Auch von den Agaporniden gibt es zahlreiche Farbschläge.

Pflaumenkopfsittich, Psittacula cyanocephala
Foto: U. Giese

Der Chinasittich, Psittacula derbyana, *ist sehr attraktiv, aber auch sehr lautstark und nagefreudig.*

Edelsittiche, *Psittacula*

Die Gattung der Edelsittiche, *Psittacula*, umfaßt elf Arten, die sich zum Teil noch in mehrere Unterarten aufspalten. Charakteristisch für alle Edelsittiche sind die relativ zur Körpergröße langen Schwanzfedern und ein relativ deutlich ausgeprägter Geschlechtsdimorphismus, das heißt Männchen und Weibchen lassen sich aufgrund äußerer Merkmale unterscheiden. Edelsittiche sind mit Ausnahme des afrikanischen Halsbandsittichs auf dem asiatischen Festland und einigen Inseln zu finden. Die Gesamtlänge der Vögel liegt je nach Art zwischen 33 und 55 cm. Es werden unterschiedliche Lebensräume, teilweise in beachtlichen Höhenlagen, besiedelt. Von den elf Arten hat etwa die Hälfte eine gewisse Bedeutung für die Vogelhaltung. Allen voran ist der bereits seit Generationen gehaltene und gezüchtete Halsbandsittich, *Psittacula krameri*, zu nennen. Sein Verwandter, der Große Alexander-

sittich, *Psittacula eupatria*, und der schön gezeichnete und erheblich kleinere Pflaumenkopfsittich, *Psittacula cyanocephala*, sind ebenfalls in Vogelhalterkreisen ein Begriff. Weniger gehalten werden die Chinasittiche, *Psittacula derbyana*, und die Rosenbrustbartsittiche, *P. alexandri*. Die im Freiland seltenste und akut vom Aussterben bedrohte Art ist der Mauritiussittich, *Psittacula echo*. Die Ursachen für seinen minimalen Bestand – etwa acht freilebende Vögel – sind vor allem in vom Menschen eingeschleppten Raubsäugern (Affen und Ratten) zu suchen, die seine Bruten zerstören und Nester plündern. Die drei bis vier Eier werden rund 22 Tage lang vorwiegend vom Weibchen bebrütet. Die Jungtiere verlassen nach sechs bis sieben Wochen ihr Nest. Die meisten Arten sind sehr anpassungsfähig und können gut in Freivolieren mit angrenzendem Schutzhaus gehalten werden. Am besten erfolgt eine paarweise Haltung, da

Weibliche Edelpapageien, Eclectus roratus, *sind rot und blau gefärbt.*   Fotos: S. Luft

Männliche Edelpapageien, Eclectus roratus, *sind überwiegend grün gefärbt.*

verpaarte Vögel oftmals Artgenossen angreifen können, wenn sie in Brutstimmung geraten. Friedlichere Arten wie der Pflaumenkopfsittich eignen sich – eine große Voliere vorausgesetzt – aber auch für die Gruppenhaltung.

Edelpapageien, *Eclectus*
Die Gattung der Edelpapageien, *Eclectus*, umfaßt etwa acht bis zehn Unterarten, bei denen man in der Regel nur die Weibchen relativ sicher zuordnen kann. Verbreitet sind die Edelpapageien auf den Molukken, den kleinen Sunda-Inseln, Australien, Neuguinea und verschiedenen umliegenden Inseln. Sie bewoh-

nen vor allem Tieflandwälder und gelten als Fruchtfresser. Charakteristisch für die Edelpapageien sind ihr dichtes, fellartiges Gefieder und ihr ausgeprägter Geschlechtsdimorphismus (Männchen sind überwiegend grünlich; Weibchen überwiegend rot). Die Länge beträgt 35 bis 38 cm bei einem Gewicht von 440 bis 590 g (Männchen) oder 465 bis 615 g (Weibchen). Edelpapageien sind zwar unter Züchtern sehr begehrte und daher kostspielige Vögel, werden aber trotzdem relativ selten gehalten. Einige der Arten sind in ihrem Bestand bedroht. So zum Beispiel der auf der Insel Sumba beheimatete Cornelia-Edelpapagei, *Eclectus roratus corneliae*. Allerdings

Diese Guayaquil-sittiche, Aratinga erythrogenys, genießen ihre Zweisamkeit.
Foto: S. Luft

weiß man in diesem Fall noch nicht viel über die Ursachen seines Rückgangs. Man vermutet jedoch, daß fehlende Nistgelegenheiten und eingeschleppte Javaner-Affen mögliche Gründe sein könnten. Einige Edelpapageienunterarten – wie zum Beispiel Halmahera-Edelpapageien, *E. r. vosmaeri*, und Neuguinea-Edelpapageien, *E. r. polychlorus* –, werden bereits regelmäßig, allerdings in geringen Mengen und oft als Handaufzuchten, vermehrt. Bei der Haltung ist stets darauf zu achten, daß man nur artenreine Paare zusammen stellt, um Mischlingszuchten zu vermeiden. Weibchen können unter Umständen recht aggressiv zu ihren Partnern sein, was bei der Volierengröße bedacht werden muß. Meist

werden ein bis zwei Eier etwa 26 Tage lang vom Weibchen bebrütet. Nach etwa zwölf Wochen verlassen die jungen Edelpapageien die Nisthöhle.

Königsittiche, *Alisterus*
Königsittiche bewohnen die bergigen Gegenden des östlichen Australiens sowie Neuguineas und sind auch auf einigen westlich von Neuguinea vorgelagerten Inseln zu finden. Es wurden drei Arten mit diversen Unterarten ausgebildet. Königsittiche bewohnen vor allem Waldgebiete. Zumindest die australische Art besucht hin und wieder auch baumbestandene Savannenregionen. In der Regel sieht man *A. scapularis* paarweise

oder in Gruppen von 20 bis 30 Vögeln in ihrem Habitat. *Alisterus amboinensis* und *A. chloropterus* kommen auf Neuguinea vornehmlich als Paare vor; Gruppen sind selten. In Australien konnte man Königssittiche bereits in Gesellschaft von Helmkakadus und Pennantsittichen beobachten, mit denen sie zusammen auf Nahrungssuche waren. Die Nahrung besteht aus Früchten, Nüssen und Sämereien. Zuchten gelingen in Menschenobhut häufiger bei der australischen Art. Im Vergleich hierzu sind die beiden anderen Arten anfällig und bedürfen besonderer Pflege. Es werden zwei bis vier Eier – bei *A. scapularis* auch bis zu sechs Eier – gelegt, aus denen nach etwa 21 Tagen Jungvögel schlüpfen. Nach sechs bis acht Wochen fliegen die Jungen aus. Königsittiche hält man am besten paarweise in einer langgestreckten Freivoliere mit Schutzhaus und bietet ihnen die Gelegenheit zur Brut.

Plattschweifsittiche, *Platycercus*

Vermutlich waren Plattschweifsittiche ursprünglich einmal Bewohner geschlossener Wälder (einige Arten sind es heute noch), die sich im Laufe ihrer Stammesgeschichte anderen Lebensräumen angepaßt haben. Die Mehrzahl der acht *Platycercus*-Arten bewohnt heute lichte Trockenwälder, Savannen und weite Grassteppen. Wenige Arten paßten sich sogar in extrem trockenen Gebieten, wie Strauchsteppen oder gar Halbwüsten an. Die Brutzeit in freier Wildbahn ist abhängig von den jeweiligen klimatischen Verhältnissen des entsprechenden Gebiets. So brüten die meisten Plattschweifsittiche nur einmal im Jahr. Von einige Arten, die in Gebieten leben, in denen ausreichend hohe Temperaturen, bei gleichzeitig häufigen Regenfällen – die für ausreichende Nahrungsgrundlagen sorgen – vorhanden sind, werden auch zwei bis drei Bruten im Jahr aufgezogen. Daneben nimmt die Länge und jahreszeitliche Verteilung der Niederschläge noch Einfluß auf die Wanderungen der australischen Sittiche. So sind Arten der küstennahen Gebiete, die fast immer über ausreichend Nahrung und Wasser verfügen, in der Regel Standvögel, während trockene Gebiete im Landesinneren oft zu ausgedehnten Wanderungen zwingen. Die australischen Plattschweifsittiche erfreuen sich bei Vogelliebhabern vor allem in Europa einer besonderen Beliebtheit und werden häufig gezüchtet. Fast jeder Sittichhalter kennt wohl die wunderschön gefärbten Rosellasittiche, *Platycercus eximius*, und Pennantsittiche, *P. elegans*. Weitere Arten sind der Gelbbauchsittich, *P. caledonicus*, der Blaßkopfrosella, *P. adscitus*, oder der Strohsittich, *P. flaveolus*. Maximal acht Eier können gelegt werden. Die Brutzeit beträgt rund 22 Tage. Ausfliegende Jungvögel sind nach weiteren vier bis fünf Wochen zu erwarten. Nach dem Ausfliegen versorgen die Eltern noch zwei bis drei Wochen den Nachwuchs, der danach selbständig ist. Das Flugvermögen dieser sehr schön gefärbten Papageienvögel kommt am besten in großzügigen Volieren zum Ausdruck. Der Zugang zum natürlichen Sonnenlicht und gelegentliche Regenschauer zum Baden kommen der Kondition dieser Sittiche sehr entgegen.

Da die meisten Arten nicht anfällig sind, eignen sie sich auch für Neueinsteiger in die Papageienhaltung, doch dürfen sie nicht in zu kleinen Käfigen gepflegt werden. Am besten ist eine paarweise Haltung in einer typischen Sittichvoliere.

Rotflügelsittiche, *Apromictus*

Die zwei Arten der Rotflügelsittiche bewohnen Australien im Norden und Nordosten in mehreren Unterarten. Ein weiteres Verbreitungsgebiet befindet sich im südlichen Neuguinea. Der Timor-Rotflügelsittich, *A. jonquillaceus*, ist auf Timor und umliegenden indonesischen Inseln zu finden. In Australien finden sie sich in offenen Waldgebieten, entlang von Flußläufen mit einem gewissen Baumbestand und seltener in Mangroven und baumbestandenen Savannen. Normalerweise leben sie paarweise oder in kleinen Familienverbänden. Seltener sieht man Gruppen von 15 bis 20 Vögeln. Es wird von unregelmäßigen Wanderbewegungen berichtet. Rotflügelsittiche ernähren sich von Früchten und Sämereien, nehmen aber auch Insekten und deren Larven zu sich. Australische Vertreter dieser Gattung gehören zu den beliebtesten Großsittichen und werden regelmäßig in Volieren vermehrt. Sie legen zwei bis vier Eier und bebrüten diese 19 bis 22 Tage lang. Nach sechs Wochen wird die Nisthöhle verlassen und nach weiteren vier Wochen sind die Jungvögel selbständig.

Prachtsittiche, *Polytelis*

Die Gattung *Polytelis* umfaßt drei Arten, die in verschiedenen Gebieten Australiens beheimatet sind. Bergsittiche, *P. anthopeplus*, bewohnen vor allem dicht bewachsene Strauchsteppen und sind im westaustralischen Verbreitungsgebiet zu Kulturfolgern geworden. Schildsittiche, *P. swainsonii*, haben ein sehr kleines Verbreitungsgebiet, das sich auf das Flußsystem des Murrumbidgee im südlichen Neusüdwales beschränkt. Der Blaukappensittich, *P. alexandrae*, ist ein Bewoh-

ner der trockenen Steppen und Halbwüsten im Zentrum Australiens. Prachtsittiche schließen sich äußerst selten zu größeren Schwärmen zusammen, bilden aber durchaus Gruppen von etwa zehn Exemplaren. Die *Polytelis*-Arten werden recht häufig in Volieren gehalten, die entsprechend der Flugbegabung der Vögel sehr langgestreckt sein müssen. Es werden drei bis sechs Eier gelegt, die etwa 20 Tage bebrütet werden. Nach sechs bis sieben Wochen fliegen die jungen Prachtsittiche aus und erreichen im Alter von etwa vier Wochen die Selbständigkeit.

Singsittiche, *Psephotus*

Neben dem eigentlichen Singsittich, *Psephotus haematonotus* gibt es noch vier weitere Arten, die zu dieser Gattung gehören. Darunter befindet sich auch der Paradiessittich, *Psephotus pulcherrimus*, der vermutlich bereits vor 1930 ausstarb. Drei der Arten gliedern sich in Unterarten. Alle Vertreter der Gattung sind nur in Australien verbreitet und sind typische Bewohner subarider und arider Landschaftsformen (Wüsten und Halbwüsten). In vielen Regionen seines Verbreitungsgebiets ist der Singsittich, *P. haematonotus*, zum Kulturfolger geworden. Er nutzt im stärksten besiedelten Teil Australiens alle Landschaftsformen, die bis 1000 m hoch liegen. Bevorzugt werden Gebiete, die von Bach- und Flußläufen durchzogen sind. Der Vielfarbensittich, *P. varius*, geht nur paarweise oder im Familienverband der Nahrungssuche nach, während Singsittiche auch Schwärme bilden. Weitere Arten sind der Rotsteißsittich, *P. haematogaster*, und der gefährdete Goldschultersittich, *P. chrysopterygius*. Es werden durchschnittlich vier bis sechs Eier gelegt und 19 bis 21 Tage lang

Langschnabelsittiche,
Enicognathus
leptorhynchus
Foto: S. Luft

bebrütet. Es gab bereits Gelege von bis zu neun Eiern. Nach etwa vier Wochen verlassen die Jungvögel das Nest. Weitere zwei bis drei Wochen dauert es bis zur Selbständigkeit. Einige Arten werden regelmäßig gehalten und gezüchtet und können sehr ansprechende Pfleglinge sein, wenn sie ausreichend Platz und gute Nahrung geboten bekommen.

Laufsittiche, *Cyanoramphus*
Laufsittiche sind kleine, vorwiegend am Boden lebende Sittiche mit grüner Gefiederfärbung, die ihnen eine gute Tarnung und Schutz vor Feinden bietet. Ihre Heimat ist Neuseeland und umliegende Inseln. Alle sechs Arten dieser Gruppe sind in ihren

Lebensräumen sehr stark bedroht und stehen teilweise vor dem Aussterben. Als Inselbewohner fehlt ihnen unberührtes Hinterland zur Bestandsregulierung. Die neuseeländischen Arten und Unterarten sind dagegen nicht ganz so bedroht wie die auf den kleinen Inseln vorkommenden Arten. Durch den Eingriff des Menschen sind bisher bereits mindestens zwei Arten und zwei Unterarten ausgerottet worden. Laufsittiche sind gesellig lebende Papageien, die außerhalb der Brutzeit in kleinen Gruppen umherziehen. Den Großteil des Tages verbringen sie bei der Nahrungssuche und mit Fressen. Ganz untypisch für Papageien ist, daß sie sehr geschickt und schnell auf dem Boden umher laufen und hühnerähnlich mit den

Füßen scharren, um so keimende Samen, Knollen und Wurzeln und eventuell am und im Boden lebende Insekten freizulegen. Häufig gehalten werden Ziegen-, *C. novaezilandae*, und Springsittiche, *C. auriceps*. Man kann sie durchaus in Gruppen pflegen, wenn der Platz ausreicht. Da die Vögel gerne am Boden Futter suchen, sollte man die Näpfe in einer eigenen Halterung bodennah anbringen. Kein Futter einfach auf den Boden streuen! Zusätzlich empfiehlt es sich, den Volierenboden ebenfalls mit einigen Ästen oder Baumstümpfen zu bestücken, da dies den Ansprüchen dieser kleinen Papageien sehr entgegen kommt. Sie legen in der Regel fünf bis neun Eier, die rund 20 Tage bebrütet werden. Nach weiteren sechs Wochen fliegt der Nachwuchs aus und wird etwa zwei Wochen später selbständig.

Grassittiche, *Neophema*

Es gibt sieben in Australien und auf Tasmanien vorkommende Arten der Gattung *Neophema*. Sie sind gute Flieger und können dadurch notfalls weite Strecken überwinden. Sie sind somit den wechselhaften Witterungsverhältnissen Australiens bestens angepaßt. Ihre Nahrung besteht vorwiegend aus verschiedenen Grassamen, die sie bevorzugt am Boden aufnehmen. Außerhalb der Brutsaison fliegen Grassittiche in Familienverbänden durch das Land und bilden manchmal auch größere Schwärme, in denen verschiedene Arten vertreten sein können. Der Wasserbedarf der Grassittiche ist gering. Meist genügt es ihnen, einmal am Tag eine Wasserstelle aufzusuchen. Notfalls begnügen sie sich mit Tautropfen, obwohl sie bei reichlich vorhandenem Wasser auch baden. Nahrungsflüge werden schon vor Sonnenaufgang, dann wieder erst am späten Nachmittag unternommen; während sie in den heißen Mittagstunden versteckt in der Vegetation ruhen, wo sie meist von möglichen Beutefeinden übersehen werden. Während die meisten *Neophema* recht häufig sind, ist *N. chrysogaster* der am meisten gefährdete australische Sittich. Einige Arten werden regelmäßig in Menschenhand gepflegt und vermehrt.

Grassittiche kann man ähnlich wie Laufsittiche halten, da auch sie sich gerne am Boden aufhalten. Es werden zwischen vier und sieben Eier gelegt. Die ersten Jungen schlüpfen nach 18 bis 20 Tagen. Im Alter von vier bis fünf Wochen fliegen sie voll befiedert aus. Das Weibchen brütet dann meist schon wieder auf einem neuen Gelege.

Schwalbensittiche, *Lathamus*

Die Stellung des Schwalbensittichs im zoologischen System ist heute noch umstritten. Einige Autoren sind der Meinung, er gehöre zu den Plattschweifsittichen, nach anderen bildet er eine Übergangsform von den Loris zu den Plattschweifsittichen. Einige Merkmale – wie zum Beispiel eine verlängerte, papillenbesetzte Zunge – deuten darauf hin. Es handelt sich um eine monotypische Gattung *Lathamus* mit nur einer Art *L. discolor*, ohne Unterarten. Zur Brutzeit lebt der Schwalbensittich auf Tasmanien und anderen Inseln der Bassstraße. Nach der Brutzeit zieht er zur Überwinterung in Richtung Norden und ist am australischen Festland (Victoria, Südqueensland, Neusüdwales und südliches Südaustralien) anzutreffen. Er kann also als Zugvogel angesehen werden. Zur Hauptnahrung dienen Blütennektar, Blütenpollen und verschiedene Insekten. Gerne

Ein Wellensittich, Melopsittacus undulatus, *hier die Wildform, die immer grün gefärbt ist.*
Foto: U. Giese

werden auch Grassamen, verschiedene Beeren und Obst verzehrt. Der Futterverbrauch ist dementsprechend hoch. Der Flug ist schnell und reißend – und erinnert sehr an den Flug unserer Schwalben. Bei der Futtersuche ist der Schwalbensittich meist in Gesellschaft verschiedener Lori-Arten zu beobachten. Die Rufe und andauerndes Zwitschern verraten seine Anwesenheit. Schwalbensittiche legen zwei bis vier Eier, die 20 Tage bebrütet werden. Nach gut fünf Wochen wird das Nest verlassen und nach weiteren zwei bis drei Wochen sind die Jungvögel selbständig. Wie bereits erwähnt, stellt der Schwalbensittiche besondere Ansprüche an seine Ernährung. Es sollten immer frische Früchte und auch ein gutes Lori-Futter angeboten werden. In größeren Volieren können auch kleine Gruppen beisammen gehalten werden.

Wellensittiche, *Melopsittacus*

Der Wellensittich, *Melopsittacus undulatus,* ist in den Inlandgebieten Australiens weiträumig verbreitet. Er ist gleichzeitig die häufigste australische Sittichart und eine der zahlenmäßig häufigsten Vogelarten dieses Erdteils überhaupt. Wie die meisten Vogelarten, die das gesamte Zentrum des Kontinents bewohnen, zeigt der Wellensittich keinerlei Unterartenbildung, wofür die nomadische Lebensweise ausschlaggebend sein dürfte. Der wilde Wellensittich ist grün mit gelbem Kopf und dunkel quergewelltem Rücken. Der Wellensittich kann als der typische Inlandvogel Australiens bezeichnet werden. An seinem Beispiel lassen sich nahezu alle besonderen Probleme erörtern, denen die Bewohner der extrem trockenen Halbwüsten im Innern des Erdteils gegenüberstehen, und alle Anpassungen aufzeigen, mit denen sie ihnen begegnen. Er ist über den ganzen Kontinent verbreitet und meidet als ausgesprochener Bewohner offener

Landschaften lediglich die Waldgebiete im äußersten Nordosten und Südwesten des Landes. Durch die nomadische Lebensweise werden die Vögel in die Lage versetzt, jeweils die Gebiete mit den besten Lebensbedingungen aufzusuchen, und ein günstiges Nahrungsangebot rasch und so vollständig wie möglich auszunutzen. Eine zweite Anpassung an den Lebensraum ist die Lage der Brutzeit. Der Wellensittich ist für die Jungenaufzucht auf halbreife Sämereien angewiesen, die nur dann vorhanden sind, wenn Regenfälle eine neue Vegetationsperiode ausgelöst haben. Wie die meisten Inlandvögel Australiens reagieren die Wellensittiche erstaunlich schnell auf einsetzende Regenfälle, beginnen sofort zu baden und zu kopulieren und gehen auf Nistplatzsuche. Schon nach wenigen Tagen werden die ersten Eier gelegt. Zu den Anpassungen des Wellensittichs an die Trockenheit gehören auch Besonderheiten im Wasserhaushalt. Nach Experimenten geht man davon aus, daß Wellensittiche bis zu 38 Tage lang ohne Wasser auskommen können. Trotz der Fähigkeit, längere Zeit ohne Wasser auszukommen, halten sich Wellensittiche nach Möglichkeit in der Nähe von Wasser auf (periodische oder permanente Wasserläufe, Felslöcher sowie neuerdings auch Viehtränken). In großen Dürrezeiten, wenn Wasserstellen austrocknen, unternehmen die Vögel große Wanderungen. An verbliebenen Wasserstellen kommt es zu Massenansammlungen von Hunderttausenden und Millionen von Wellensittichen. Bei einigermaßen normalen Lebensbedingungen bilden die Wellensittiche kleine Gruppen von etwa zehn bis 50 Vögeln. Zum Trinken und zur Nahrungssuche kommen die Wellensittiche auf den Boden. Die

Nahrung besteht fast ausschließlich aus Grassamen, gelegentlich auch aus Samen verschiedener Kräuter. Das Gelege besteht aus drei bis fünf (gelegentlich bis zu acht) Eiern. Das Gelege wird 18 Tage lang bebrütet. Im Alter von fünf Wochen verlassen die jungen Wellensittiche das Nest. Wellensittiche gelten als domestiziert und sind die am häufigsten gehaltenen Papageienvögel überhaupt. Sie sind sehr anpassungsfähig und eignen sich daher auch für noch unerfahrene Halter. Allerdings sind sie sehr bewegungsfreudige Sittiche, die in kleinen Käfigen und unter der häufig praktizierten Einzelhaltung leiden. Grundsätzlich sollte man daher nur Paare oder Kleingruppen zusammen pflegen. Das Verhalten der Vögel verlangt nach einer Zimmervoliere und regelmäßigen Flügen in der Wohnung. Die viel zu kleinen Wellensittichkäfige, die man leider noch zu Tausenden in den Geschäften findet, sollten heute nicht mehr verwendet werden.

Graupapageien, *Psittacus*

Graupapageien bilden eine eigenständige Gattung mit einer Art, die sich wiederum in zwei Unterarten aufspaltet. Die Nominatform, der sogenannte Kongo-Graupapagei, *Psittacus erithacus erithacus*, bewohnt verschiedene zentral- und westafrikanische Staaten und einige vorgelagerte Inseln. Die Unterart, den sogenannten Timneh-Graupapagei, *P. erithacus timneh*, findet man im südlichen Guinea, in Sierra Leone, Liberia und an der westlichen Elfenbeinküste. Graupapageien bevorzugen als Lebensraum ausgedehnte Primärwaldgebiete, sind aber zunehmend auch in kultivierten Gebieten zu finden. Ferner halten sie sich häufig zur Nahrungsaufnahme in Feuchtsavannen und

Es gibt nur eine Art
der Graupapageien –
Psittacus erithacus –,
allerdings mit zwei
Unterarten.
Foto: U. Giese

Mangrovenwäldern auf. Der zunehmende Handel und die weitflächige Abholzung der west- und zentralafrikanischen Regenwälder haben die Populationen stellenweise stark dezimiert, dennoch besteht für die Art im Ganzen noch keine Gefahr. Graupapageien zählen mit Abstand zu den häufigsten Großpapageien, die in Käfigen und Volieren gehalten werden. Leider häufig als Einzelvogel, was grundsätzlich für Papageien abzulehnen ist. Die Vögel fühlen sich nur in großen Zimmer- oder Freivolieren mit beheiztem Schutzraum richtig wohl. Eine Gruppenhaltung ist bei großem Platzangebot problemlos möglich. Die Vögel brauchen eine vielseitige Nahrung, sind aber schwer an neue Futtermittel zu gewöhnen. Viele Graupapageien zeigen sich anfällig für eine

Schimmelpilzinfektion, die unter anderem durch verseuchte Erdnüsse oder mangelnde Hygiene auftreten kann. Graupapageien legen zwischen drei und vier Eier, die etwa 28 bis 30 Tage lang bebrütet werden. Nach 10 bis 11 Wochen fliegen die Jungtiere aus.

Langflügelpapageien, *Poicephalus*
Langflügelpapageien sind in neun Arten über weite Teile Afrikas südlich der nordafrikanischen Wüstenzonen verbreitet. Es sind kleine bis mittelgroße Tiere. Sechs Arten (*P. senegalus, P. meyeri, P. rufiventris, P. cryptoxanthus, P. crassus* und *P. rueppelli*) sind sehr nahe miteinander verwandt und wurden in der Vergangenheit zu einem „Faunenkreis" zusammengefaßt. Als zweite Untergruppe werden Kappapageien, *P. robustus*, als dritte

Mohrenkopfpapagei, Poicephalus senega-lus: *Er gehört zu den Langflügelpapa-geien, sie sind in neun Arten über weite Teile Afrikas südlich der nordafrikanischen Wüstenzonen verbreitet.*

Unten:
Kongopapagei, Poicephalus gulielmi
Fotos: U. Giese

Kongo-, *P. gulielmi*, und Gelbgesichtpapagei, *P. flavifrons*, angesehen. Heute werden aber alle neun Arten zu einer Gattung gerechnet. Langflügelpapageien bewohnen die unter-schiedlichsten Lebensräume, die meisten bevorzugen trockene Savannen und offene Waldgebiete. Der Status der meisten Arten ist unbekannt. Die Zerstörung der natürli-chen Lebensräume sowie der Tierfang und -handel haben sicherlich gebietsweise zu Beeinträchtigungen und zur Minderung der Naturpopulationen beigetragen. Einen deut-lichen Bestandsrückgang weisen die Kap-papageien auf. Der Mohrenkopfpapagei, *P. senegalus* stellt die häufigste gehaltene *Poicephalus*-Art. Daneben werden gelegentlich noch der Goldbug-, *P. meyeri*, und der Kongo-papagei, *P. gulielmi*, gehalten. Andere Arten kommen nur selten in Menschenobhut vor. Langflügelpapageien müssen grundsätzlich

in Volieren gehalten werden, da sie meist recht scheu bleiben. Die Voliere muß nicht zuletzt deshalb auch über zahlreiche Versteckmöglichkeiten verfügen. Die Zucht ist bei allen importierten Arten bereits gelungen, allerdings jeweils nur in kleinen Stückzahlen. Die meisten Arten weisen keine Geschlechtsunterschiede auf.
Die Gelege der Langflügelpapageien umfassen in der Regel drei Eier. Sie werden allein vom Weibchen etwa 24 bis 28 Tage bebrütet. Die Jungvögel tragen beim Schlupf meist feine gelbe, graue, weiße oder rosa gefärbte Dunen. Die Entwicklung der Jungvögel bis zur Selbständigkeit kann bis zu zehn Wochen in Anspruch nehmen.

Aras, *Ara*
Diese Gattung weist unter ihren 15 Arten, von denen drei ausgestorben und weitere Spezies fraglich sind, einige der größten Vertreter der Papageienvögel auf. Sie leben in Mittel- und Südamerika. Die Heimat der ausgestorbenen Formen war die Karibik. Aras bewohnen unterschiedliche Lebensräume der Tropen und Subtropen und leben bevorzugt in den von Flüssen durchzogenen Hügellandschaften. In weitflächigen Urwäldern des Tieflands fehlen sie gänzlich oder sind selten. Ihre Nahrung besteht vorwiegend aus Nüssen verschiedenster Palmenarten, allerdings können nur Aras der größeren Spezies die sehr harten Schalen öffnen. Außerdem verzehren die Vögel reichlich Baumfrüchte, Beeren, Knospen und grüne Pflanzenteile. Aras sind sehr gute und schnelle Flieger. Zum Schlafen werden regelmäßig hohe Bäumen aufgesucht, die den Aras Sicherheit vor Gefahren bieten. Leider sind viele der größeren Arten heute stark bis

Zwergaras, Ara severa, sind sehr lautstarke, aber attraktive Volieren-bewohner. Foto: S. Luft

sehr stark gefährdet. Dazu gehören zum Beispiel der Blaulatzara, *A. glaucogularis*, der Große Soldatenara, *A. ambigua*, der Hellrote Ara, *A. macao*, sowie der Rotohr-, *A. rubrogenys*, und der Rotrückenara, *A. maracana*. Aras sind begehrte Volierenvögel, die vor allem in der Vergangenheit immer wieder als

Der Hellrote Ara,
Ara macao, ist eine
bedrohte Papageienart.
Diese Gattung Ara weist
unter ihren 15 Arten, von
denen drei ausgestorben
und weitere Arten
bedroht sind, einige der
größten Vertreter der
Papageienvögel auf.
Die Heimat der aus-
gestorbenen Formen
war die Karibik.

Foto: S. Luft

Der Blaulatzara,
Ara glaucogularis, Ara-
Papageien leben in Mittel-
und Südamerika. Aras
bewohnen unterschied-
liche Lebensräume der
Tropen und Subtropen
und leben bevorzugt in
den von Flüssen durch-
zogenen Hügellandschaf-
ten. In weitflächigen
Urwäldern des Tieflands
fehlen sie gänzlich oder
sind dort selten.

Foto: U. Giese

Hahns Zwergara,
Diopsittaca nobilis,
Die monotypische Gattung Diopsittaca *wird als Bindeglied zwischen den Aras und den Keilschwanzsittichen angesehen. Die überwiegend grünen Vögel ähneln denen der Gattung* Ara *sehr, aber das Gesicht ist nur um das Auge und im Bereich des Zügels nackt, außerdem sind sie deutlich kleiner. Männchen und Weibchen sehen gleich aus.*

Die Nahrung der Aras und Zwergaras besteht vorwiegend aus Nüssen verschiedenster Palmenarten, allerdings können nur Aras der größeren Arten die sehr harten Schalen öffnen. Außerdem verzehren die Vögel reichlich an Baumfrüchten, Beeren, Knospen und grünen Pflanzenteilen

Foto: U. Giese.

Gelbbrustara,
Ara ararauna

Foto: U. Giese

Rotbugara,
Ara severa

Foto: U. Giese

Der Hyazinthara, Anodorhynchus hyacinthinus, *gehört zu den heute leider stark bedrohten Arten.* Fotos: U. Giese

einzelne Stubenvögel gehalten wurden. Darunter leiden diese sozialen Vögel sehr stark. Eine Haltung ist nur in Volieren bei paarweiser Unterbringung und entsprechendem Pflegemanagement zu rechtfertigen. Die Zucht ist mehrfach gelungen.

Es werden zwei bis vier Eier gelegt und etwa 25 bis 28 Tage bebrütet. Mit dem Ausfliegen ist nach rund 70 bis 90 Tagen zu rechnen. Einige der kleineren Arten wie zum Beispiel der Rotbugara, *A. severa*, fliegen bereits mit etwa 56 bis 65 Tagen aus.

Während man früher den Hahns Zwergara, *Ara nobilis*, zur Gattung *Ara* zählte, ordnet man ihn heute in die Gattung *Diopsittaca*, Zwergaras, ein. Die monotypische Gattung *Diopsittaca* wird als Bindeglied zwischen den Aras und den Keilschwanzsittichen angesehen. Die überwiegend grünen Vögel ähneln denen der Gattung *Ara* sehr, aber das Gesicht ist nur um das Auge und im Bereich des Zügels nackt, außerdem sind sie deutlich kleiner. Männchen und Weibchen sehen gleich aus. Die einzige Art der Gattung wird Hahns oder Blaustirn-Zwergara, *D. nobilis*, genannt. Das Verbreitungsgebiet umfaßt im wesentlichen das östliche Südamerika. Es gibt auch länger zurückliegende Berichte über die Art im Küstenstreifen von Espirito Santo und Rio de Janeiro. Kürzlich wurde diese Spezies westlich ihres Verbreitungsgebiets gesehen, im äußersten Südosten Perus. Der Zwergara lebt in einer Vielzahl von halboffenen Lebensräumen mit Buriti-Palmen, *Mauritia* ssp., Galeriewald und lichtem Dornenwald. Solche Landschaftsformen fehlen nördlich des Amazonas, so daß dadurch seine Verbreitung eingeschränkt wird. Hier bevorzugt er sumpfiges Gebiet, natürliche Savannen und Flachland. In ihrem Lebens-

raum treten Zwergaras lokal recht häufig auf. Man kann die Zwergaras meist in kleineren Gruppen antreffen. Nach der Brutzeit bilden die Vögel große Gruppen bis Schwärme, die teils standorttreu sind, aber je nach Futterangebot auch weit umherstreifen. Zu Beginn der Brutzeit verlassen die brutwilligen Paare die Verbände und beziehen Höhlen in Bäumen.

Nach einer Brutdauer von rund 25 Tage schlüpfen aus den zwei bis vier Eiern die ersten Jungtiere. Das Ausfliegen der Jungen erfolgt nach circa 60 Tagen. Die Selbständigkeit wird drei bis vier Wochen nach dem Ausfliegen erreicht.

Keilschwanzsittiche, *Aratinga*

Diese südamerikanische Gattung umfaßt je nach systematischer Gliederung 15 bis 21 Arten. Keilschwanzsittiche sind Bewohner weiter Gebiete Mittel- und Südamerikas. Die Vertreter der einzelnen Arten werden 24 bis 42 cm groß, was Ausdruck ihrer Formenvielfalt ist. Männchen und Weibchen sind gleich gefärbt. Die Nahrung besteht aus Samen, auch Nüssen, Baumfrüchten, Beeren, Blüten, Knospen und Insekten. Zur Nahrungssuche fliegen die Sittiche auf den Boden oder bewegen sich in Büschen und Bäumen. Während der Brutzeit leben sie paarweise, später in Gruppen bis zu großen Schwärmen zusammen. Sie brüten in Baumhöhlen, auch in Felsspalten, Erdhöhlen in Böschungen, Termitenbauten und Kakteen. Einige Arten wie zum Beispiel der Guayaquilsittich, *A. erythrogenys*, sind häufiger in ihren Gebieten anzutreffen, während andere Vertreter der Gattung lokale Bestandsrückgänge aufzeigen oder gar gefährdet sind (*A. euops*, *A. chloroptera*). *Aratinga*-Sittiche

Papageien müssen
grundsätzlich in Ge-
sellschaft – am besten
mit Artgenossen des
anderen Geschlechts
– gehalten werden.
Der Mensch ist kein
ausreichender Ersatz!
Foto: I. Francais

werden im Vergleich zu australischen Sittichen nur selten und in wenigen Arten gehalten. Sie sind oft sehr lautstark und nagefreudig. Grundsätzlich müssen sie in geräumigen Volieren und paarweise gepflegt
werden. Die Zucht einiger Arten ist bereits
gelungen.

Es werden durchschnittlich drei bis vier Eier
gelegt, die rund drei Wochen lang bebrütet
werden. Nach 50 bis 56 Tagen kommt es
zum Ausfliegen der Jungvögel, die circa drei
bis vier Wochen später selbständig sind.

Mönchsittiche, *Myiopsitta*

Diese Art, *M. monachus*, findet man im süd-
östliches Südamerika vom mittleren Bolivien
und Südwest-Brasilien südwärts bis Zentral-
Argentinien. Der Mönchsittich ist der einzige
Vertreter seiner Gattung. Mönchsittiche
leben ständig in sozialen Großverbänden.
Eine unter Papageien einmalige Eigenart
zeichnet sie besonders aus: Sie bauen aus
Ästen und Reisig in den Baumkronen und in
Palmen riesige Gemeinschaftsnester, wobei
jedes Paar in dem kugelförmigen Gebilde
seinen eigenen Nestkobel mit Eingangs-
röhre und Schlaf-Brutkammer anlegt. Da das
Gemeinschaftsnest von allen Benutzern
ständig erweitert wird, nimmt es im Laufe
der Zeit in seiner Größe zu. Manchmal brechen die Bäume unter der Last riesiger
Nester zusammen. Der Mönchsittich ist die
am häufigsten vorkommende Papageienart
im südlichen Südamerika. Sie sind sehr anpassungsfähig und nutzen alle Biotopformen
in ihrem Verbreitungsgebiet. So verwundert
es kaum, daß auch kleine Kolonien entflo-
gener Vögel sich zum Beispiel in Deutschland (Wiesbaden) angesiedelt haben.
Mönchsittiche sind Futtergeneralisten; in

Getreidekulturen und Obstplantagen verur-
sachen sie oftmals erhebliche Ernteschäden.
Daher zünden die Landwirte oft die großen
Reisignester der Mönchsittiche an.

Mönchsittiche legen vier bis sechs Eier und
bebrüten diese rund 22 Tage lang. Nach
42 bis 45 Tagen fliegen die Jungen aus und
werden etwa zwei bis drei Wochen später
selbständig. Die beschriebenen Eigenschaften verdeutlichen, daß Mönchsittiche gut in
größeren Volieren und bei Gruppenhaltung
zu pflegen sind. Sie sind sehr anpassungsfähig und robust, brauchen aber ausreichend Platz. Mönchsittichgruppe sind sehr
lautstarke Vogelansammlungen, die wohl
nur in abgelegenen Gebieten ohne Nach-
barschaftskonflikte in Freivolieren gehalten
werden können.

Sperlingspapageien, *Forpus*

Sperlingspapageien gehören zweifellos zu
den kleinsten Papageienarten, die in unseren
Breiten gehalten und vermehrt werden. Die
Sperlingspapageien sind in sieben Arten
über ganz Mittel- und Südamerika verbreitet und haben dort eine beträchtliche
Anzahl von Unterarten entwickelt. Die
meisten davon finden sich in Ost-Brasilien
und Kolumbien in den ausgedehnten
Küstenwäldern, in Pampas oder an den
verschiedenen Flüssen. Dort fliegen sie in
relativ großen Schwärmen umher und
besuchen auch kultivierte Landschaften zur
Nahrungssuche. In der Brutzeit trennen sich
die fortpflanzungswilligen Paare von der
Gemeinschaft und suchen nach geeigneten
Höhlungen in Ast- und Baumlöchern. Dort
hinein werden etwa vier Eier gelegt, die
ausschließlich vom Weibchen bebrütet
werden. In dieser Zeit sind die Vögel beson-

Kopfstudie eines
männlichen
Grünflügelaras,
Ara chloroptera.
Foto: S. Luft

ders scheu und entsprechend schwer zu beobachten. Das überwiegend grün gefärbte Gefieder bietet den kleinen Papageien in den Baumwipfeln eine ausgezeichnete Tarnung. Ihre natürliche Nahrung besteht vor allem aus Sämereien, Knospen, kleinen Beeren und auch Feigen. In Menschenobhut erfreuen sich Sperlingspapageien zunehmender Beliebtheit, da sie eine ansprechende Alternative für Liebhaber mit beschränktem Platzangebot sind. Aber auch sie dürfen nicht in kleinen Käfigen gehalten werden.
Es werden drei bis acht Eier gelegt und etwa 17 bis 21 Tage bebrütet. Nach knapp fünf Wochen fliegen die Jungvögel aus.

Amazonen, *Amazona*
Entsprechend ihres riesigen Verbreitungsgebiets bewohnen diese Papageien die unterschiedlichsten Biotope mit ihren jeweiligen klimatischen Bedingungen. Sie leben in den laubabwerfenden Wäldern der gemäßigten Zonen ebenso wie in den tropischen Regenwäldern der Amazonasregion. Savannen- und Wüstengebiete sowie die Sumpfgebiete des Mato Grosso wurden genauso erobert wie die Gebirgstäler und Hochebenen der Kordilleren. Ihr ursprünglicher Lebensraum war vermutlich der tropische Regenwald. Auch die Verbreitungsgebiete der einzelnen Vertreter der Gattung *Amazona* sind unterschiedlich groß. Naturgegeben bewohnen die Inselamazonen der Kari-

Bild oben:
Portrait einer Gelbnackenama-zone, Amazona ochrocephala auropalliata.

Fotos: S. Luft

Bild links:
Diese Panama-Amazone, Amazona ochrocephala panamensis, *genießt Beeren aus freier Natur.*

Salvinamazone,
Amazona autumnalis
salvini
Foto: S. Luft

Die Venezuela-Amazone, Amazona amazonica, ist sehr beliebt.
Foto: S. Luft

Gelbwangenamazonen, Amazona autumnalis, *sind sehr schön gefärbt.*   Foto: S. Luft

bik nur kleine, in sich meist einheitliche Biotope, aber auch viele Festlandamazonen sind heute auf räumlich sehr eng begrenzte Gebiete zurückgedrängt. So bewohnt die Gelbschulteramazone, *A. barbadensis,* nur noch ein schmales Küstengebiet in Venezuela sowie einige der Küste vorgelagerte Inseln. Aber auch die Bodinusamazone, *A. bodini,* oder die Dufresnes-Amazone, *A. dufresniana,* findet man nur in räumlich sehr eng begrenzten Biotopen dieses südamerikanischen Staates. Andere Arten wie beispielsweise die Formen der Mülleramazone, *A. farinosa,* oder die Gelbscheitelamazone, *A. o. ochro-*

cephala, haben riesige Verbreitungsgebiete erobert. Teilweise überschneiden sich die Verbreitungsgebiete. Regenwald bewohnende Arten besitzen kein stark ausgeprägtes Gruppenverhalten. Man trifft sie meist in kleinen Trupps, die sich scheinbar zufällig zusammenfinden oder Familienverbände darstellen. So gehen diese Amazonen auch meistens paarweise zur Nahrungssuche. Obwohl ausgezeichnete und ausdauernde Flieger, sind diese Arten doch verhältnismäßig standorttreu und führen nur eng begrenzte lokale Wanderungen durch. Ganz anders verhalten sich jene Amazonen, die offenes Buschland oder Savannen besiedeln. Sie schließen sich oft zu großen Schwärmen zusammen und zeigen dabei als Anpas-

Die Mülleramazone,
Amazona farinosa,
gehört zu den größten
Amazonenarten.
Sie haben ein großes
Verbreitungsgebiet.

Foto: S. Luft

sung an die unregelmäßigen Niederschläge eine eher nomadische Lebensweise. Bei ihnen ist das Gruppenverhalten viel ausgeprägter, und nicht selten finden sich mehr als 100 Vögel an den Schlafplätzen ein. Am frühen Morgen verlassen sie diese dann laut schreiend, um in kleineren Verbänden nach Nahrung zu suchen. Amazonen gehören zu den am häufigsten gepflegten Großpapageienarten. Von den 29 Arten werden vor allem Blaustirn-, Venezuela- und verschiedene Unterarten der Gelbstirnamazone

Weißstirnamazone, Amazona albifrons, *auf ihrem Aussichtspunkt.*
Foto: S. Luft

gepflegt. Auch die Gelbwangen-amazonen sind recht beliebt. Durch massenhaften Fang sind allerdings die Naturbestände stark geschädigt worden, so daß sich grundsätzlich der Kauf von Importtieren verbietet. Leider finden sich unter den Amazonen einige der am stärksten gefährdeten Papageienarten der Welt wie zum Beispiel Prachtamazonen, *A. pretrei,* Puerto-Rico-Amazonen, *A. vittata,* Blaukopf-amazonen, *A. arausiaca,* oder Kaiseramazonen, *A. imperialis.* Hier sollte jeder Amazonenfreund bestehende Schutz-projekte energisch durch Spenden und ähnliches unterstützen. Von mehreren Amazonenarten kann man heute Nach-zuchten kaufen.

Das Gelege besteht aus zwei bis sechs Eiern. Nach 26 bis 28 Tagen schlüpfen die Jungen. Sie verlassen die Eier im Abstand der Eiab-lage und weisen somit Altersunterschiede von zwei, manchmal auch drei oder vier Tagen auf. Je größer der Altersunterschied zwischen erst- und letztgeschlüpftem Jung-vogel ist, desto größer ist die Gefahr, daß der jüngste Nestling von den Elternvögeln vernachlässigt oder von den älteren Nest-geschwistern abgedrängt wird. Schließlich verhungert er oder er wird gar getötet. Die Jungvögel machen sich meist vom zweiten oder dritten Lebenstag an durch Bettellaute bemerkbar. Sie sind während der gesamten Nestlingszeit – insbesondere bei den Fütte-rungen – deutlich zu hören, wenn mehrere Jungvögel gemeinsam heranwachsen. Wird nur ein einziger Jungvogel betreut, so ver-stummen die Bettellaute schon nach weni-gen Tagen und das Tier verhält sich während der gesamten Folgezeit ruhig. Nach etwa 50 bis 55 Tagen sind die Jungvögel körperlich vollständig entwickelt und weitgehend be-fiedert. Die Nestlingszeit endet in der Regel mit etwa 70 Tagen, allein aufgewachsene Vögel verbleiben gelegentlich auch länger (um 75 Tage) im Nistkasten. Sie werden mit etwa 90 bis 100 Tagen selbständig, betteln aber weiterhin bei den Eltern nach Futter.

Papageien brauchen Hilfe

Nach den bisherigen Erkenntnissen sind derzeit mindestens 105 Papageienarten, also etwa 38 Prozent des Weltbestands vom Aussterben bedroht. Weitere 34 Arten werden als gefährdet eingestuft. Zu diesen 139 Arten kommen noch 89 Arten, denen dringend Schutzmaßnahmen zukommen müssen, will man weitere Bestandsabnahmen und eine damit verbundene akute Gefährdung verhindern. Demnach sind also 223 Papageienarten und -unterarten mit entsprechenden Schutzmaßnahmen zu unterstützen. Diese bedrohliche Situation macht es notwendig, daß sich jeder Papageienfreund auch für den Schutz der freilebenden Tiere einsetzen sollte. Nur wie soll er dies tun? Einige Anregungen sind nachfolgend aufgeführt: Ein wichtiger Beitrag ist der bereits erwähnte Verzicht auf importierte Wildvögel.

Die Bedrohungssituation der meisten Papageienarten verlangt allerdings nach mehr Engagement vom einzelnen Papageienhalter. Grundsätzlich sollte jeder Papageienhalter sich dazu verpflichtet fühlen, sich über die Pflege der eigenen „Heimpapageien" hinaus auch für die Belange wildlebender Papageien zu interessieren. Dies kann man am besten dadurch tun, daß man sich einer entsprechenden Organisation anschließt, die Schutzprojekte für Papageienvögel oder deren Lebensräume fördert. Wie in vielen anderen Bereichen, ist auch beim Artenschutz oftmals das Geld der limitierende Faktor. Vielleicht sollte man vor der Anschaffung weiterer Papageien für einige Tausend Mark überlegen, ob es nicht ebenso befriedigend sein könnte, wenn man mit diesem Geld zum Beispiel eine Feldstudie an bedrohten Papageien unterstützt und somit zum Erhalt einer ganzen Art wesentlich beitragen kann. In den gängigen Fachzeitschriften werden regelmäßig solche Schutzprojekte vorgestellt. Am Ende dieses Buchs sind ferner einige Kontaktadressen aufgeführt, die Informationsmaterialien zum Thema Papageienschutz an Interessierte versenden.

Grünflügelpapagei, Ara chloroptera, *rechts, und* Hyacinthara, Anodorhynchus hyacinthinus, *links, in Gesellschaft.*

Kontaktadressen

**Informatives zur Papageienhaltung
und zum Artenschutz:**

Institut für Papageienforschung e. V.
Postfach 30 00 59
46530 Dinslaken

World Parrot Trust
Glanmour House, Hayle, Cornwall,
TR27 4HY. United Kingdom.

Fonds für bedrohte Papageien
Goethestraße 21
75050 Gemmingen

BirdLife Int.
Welbrook Court
Girton Road
Cambridge CB3 0NA UK

Ringabfragen und Ringbestellungen:

Wirtschaftsverband Zoologischer
Fachbetriebe (ZZF)
Postfach 1420
63204 Langen

**Auswahl von Zeitschriften mit
Papageienthemen:**

Kakadu United
Grundeldingerstr. 435
4002 Basel, Schweiz

Psittascene
Zeitschrift des World Parrot Trust,
Glanmour House, Hayle, Cornwall,
TR27 4HY. United Kingdom.

Die Voliere
Shaper-Verlag
Postfach 1642
31046 Alfeld

Gefiederte Welt
Eugen Ulmer Verlag
Postfach 70 05 61
70574 Stuttgart

Literatur

AECKERLEIN, W. 1987. Die Ernährung des Vogels. Stuttgart.

ALBRECHT, E. 1989. Käfig- und Volierenbau. Hamburg.

EBERT, U. 1985. Vogelkrankheiten. Hannover.

ENEHJELM. C. af 1976. Käfige und Volieren. Stuttgart.

FORSHAW, J. M. 1989. Parrots of the World. Melbourne.

HAHN, U. 1992. Vogelkrankheiten. Alfeld.

HARRIS, J. C. 1993. Ihr Hobby Nymphensittiche. Ruhmannsfelden.

HOMBERGER, D. 1980. Funktionell-morphologische Untersuchungen zur Radiation der Ernähruns- und Trinkgewohnheiten der Papageien. Bonner Zool. Monogr. 13, 1-192.

HOPPE, D. & WELCKE, P. 1990. Langflügelpapageien. Stuttgart.

KAAL, G. T. F. 1982. Geschlechtsmerkmale bei Vögeln. Hannover.

KRONBERGER, H. 1978. Haltung von Vögeln – Krankheiten der Vögel. Berlin, New York.

LANTERMANN, W. & SCHMIDT, R. 1996. Jahrbuch der Papageienkunde. Hohenwarsleben.

LANTERMANN, W. & WAGENER, V. 1990. Die afrikanischen Großpapageien. Augsburg.

LUFT, S. 1990. Über das Spielverhalten von Papageien. Gef. Welt (11), 326-328.

LUFT, S. 1991. Anforderungen an ein Haltungssystem für Amazonen. Die Voliere (2), 36-39.

LUFT, S. 1992. Anforderungen an ein Haltungssystem für Graupapageien. Gef. Welt (9), 309-312.

LUFT, S. 1992. Die Gruppenhaltung von Graupapageien. Die Voliere (6), 169-172.

LUFT, S. [Hrsg.] 1992. Grundfragen der Papageienhaltung. 2. Aufl., Oberhausen.

LUFT, S. 1993. Das Agonistische Verhalten der Papageien. Die Voliere (3), 72-76.

LUFT, S. 1993. Einige Beschäftigungsmöglichkeiten für Papageien. Gef. Welt (8).

LUFT, S. 1993. Imitationsleistungen und Lautäußerungen des Graupapageien. Die Voliere (12), 369-374.

LUFT, S. 1994. Das Fortpflanzungsverhalten der Papageien. Die Voliere (6), 176-184.

LUFT, S. 1994. Papageien Sri-Lankas, Gef. Welt (11), 383-386.

LUFT, S. 1994. Der Graupapagei. Augsburg.

LUFT, S. 2001. Ihr Hobby Nymphensittiche. Ruhmannsfelden.

LOW, R. 1994. Endangered Parrots. London.

PAGEL, T. 1985. Loris. Stuttgart.

PINTER, H. 1982. Handbuch der Papageienkunde. Stuttgart.

ROBILLER, F. 1990. Papageien, Band 3. Stuttgart, Berlin.

ROBILLER, F. 1992. Papageien, Band 1. Stuttgart, Berlin.

SCHMIDT, J. 1997. Mein Wellensittich zu Hause. Ruhmannsfelden.

SCHÖNE, R. & ARNOLD, P. 1989. Australische Sittiche. Jena.

SMITH, G.A. 1975. Systematics of Parrots. Ibis 117, 18-66.

VOGELS, D. 1994. Der Wellensittich. Augsburg.